영어회화의 신

IMAGE MAKING ENGLISH

이미지 메이킹 잉글리시 Q

이론편

영어회화의 신 **이미지 메이킹 잉글리시 Q - 이론편**

발행일   2016년 9월 26일

지은이   김 명 기
펴낸이   손 형 국
펴낸곳   (주)북랩
편집인   선일영   편집   이종무, 권유선, 김예지
디자인   이현수, 한수희, 윤미리내   제작   박기성, 황동현, 구성우
마케팅   김회란, 박진관, 오선아
출판등록   2004. 12. 1(제2012-000051호)
주소   서울시 금천구 가산디지털 1로 168, 우림라이온스밸리 B동 B113, 114호
홈페이지   www.book.co.kr
전화번호   (02)2026-5777   팩스   (02)2026-5747

ISBN   979-11-5987-163-4 04740(종이책)   979-11-5987-164-1 05740(전자책)
          979-11-5987-167-2 04740(세트)

원어민과 영어고수들이 인정하는 과학적 학습법의 비밀

막강한 영어 질문으로
회화 능력을 업그레이드한다!

영어회화의 신
IMAGE MAKING ENGLISH

이미지 메이킹 잉글리시 Q

이론편

김명기 지음

북랩 book Lab

머
/
리
/
말

　'이미지 메이킹 잉글리시(Image Making ENGLISH)'를 낸지 12년의 시간이 흘렀다. 처음 책이 나온 뒤 베스트셀러가 되어 한창 인기가 있을 때 고민에 빠졌다. 영어를 공부하는 사람들이 한결같이 발음이 해결 되지 않아 영어 공부를 제대로 하는 것이 어렵다는 것이었다. 나도 읽는 것이 중요하다고 늘 강조했고, '이미지 메이킹 잉글리시'에서도 반드시 읽으면서 연습하라고 했다. 그런데 발음이 제대로 안 돼 진행이 잘 되지 않는다는 말을 들은 것이다.

　그래서 책의 학습법을 열심히 알리고 키워야 하는 시점에서 '영어 발음 교정 부분을 제대로 처리하지 않고서는 어떤 영어 학습법도 일순간의 유행으로 사라질 수밖에 없겠구나' 하는 생각이 들었다. 그 어떤 기라성 같은 영어 학습법도 유행이 지나 사라지지 않은 것이 없는 것처럼 말이다.

　이 때문에 그 잘나가던 영어 학습법을 뒤로 미루고 어떻게 하면 우리나라 사람들이 획기적으로 영어 발음을 원어민처럼 습득할 수 있을까를 연구하기 시작했다. 거의 10년 만에 'STOP SOUND(사잇소리)'라는 완전한 방법을 만들어 내고 특허까지 얻었다. 영어 학습법이 얼마나 완성도 있고, 효과적인 자료로 되어 있는지도 중요하지만 그 학습법이 사람들에게 꾸준한 인기를 얻고 실질적인 효과가 있으려면 영어 발음 교정 부분이 반드시 해결되어야 한다.

그래서 '영어 발음의 신(新)'이라는 책이 나오게 됐다. 영어 발음에 있어서 신세계라는 의미로 제목을 지은 것이다. 영어 발음 교정 부분이 완성되었기 때문에 이제 다시 '이미지 메이킹 잉글리시(Image Making ENGLISH)' 영어 학습법을 더 가다듬어 완성시켜 나갈 때가 된 것이다.

최고의 영어 발음 교정법과 최고의 영어 학습법이라면 그 기존의 영어 학습법과 비교해도 절대 우위를 차지하게 될 것이다. 그 어떤 영어 학원, 영어 학습법도 영어 발음 교정 부분에서 획기적으로 해결을 한 곳은 하나도 없다. 기존의 파닉스를 바탕으로 수박 겉핥기 식으로(보여 주기 식으로)만 할 뿐이다. 파닉스는 효과가 있어서 쓰는 것이 아니라 그 대체 방법이 없기 때문에 쓰는 것이라고 볼 수 있다. 영어는 알파벳으로 발음을 익히는 언어가 아니기 때문이다.

어차피 우리는 한국 사람이니 영어 발음은 원어민처럼 되지 않는다고 하면서 대충 비슷하게 따라 하는 것만으로 만족하도록 유도한다. 제대로 가르치지 못해서 원어민처럼 발음이 되지 않은 것이지 제대로 가르치면 원어민처럼 발음할 수 있고 그 보다 더 뛰어난 발음도 가능하다. 그건 어떻게 가르치고 어떻게 배우는가에 달려 있는 것이다.

이제 영어 학습법을 완성할 단계다. 영어회화의 신(新)은 영어회화에 있어서 신세계를 연다는 의미가 있다. 우리가 지금까지 그렇게 많은 시간과 돈과 노력을 들여서 영어공부를 했는데도 제대로 된 영어를 하지 못한다. 그 이유에 대해서 오랜 기간 동안 생각해 왔지만 그 해답을 찾기는 상당히 힘들었다. 하지만 어느 아주 일상적인 순간에 한 엄마와 아이의 대화를 우연히 듣게 되면서 언어를 제대로 하기 위한 가장 효과적인 방법에 대해서 다시 생각하게 되었다. 그 대화에서는 질문이 상당히 많은 비중을 차지했다. '이게 뭐예요? 이건 무슨 색이에요? 이제 나갈까요? 맛있어요? 어떻게 해야 하죠?' 등등 말이다.

아이들은 답변만을 배우는 것이 아니라 엄마에게서 먼저 질문을 하는 법을 배우는 것이다. 그래서 아이는 평상시 대화에서 질문을 더 많이 하게 된다. 아이들이 호기심이 많아 보이는 것도 질문을 많이 하기 때문이다.

우리는 생각의 전환이 필요하다. 우리는 지금까지 영어를 공부하면서 답변을 하기 위한 준비만 해 왔다. 평서문 위주의 공부 말이다. 영어회화 책은 평서문 위주의 답변을 위한 영어 문장들이 대부분을 차지하고 질문을 위한 문장들은 대표적인 질문들 말고는 잘 찾아볼 수 없다. 우리가 흔히 접하는 회화 책에서의 질문 비중은 10~20% 정도도 되지 않는다. 그것도 아주 상투적인 질문 말고는 우리가 원하는 질문을 다루지 않는다. 우리는 다양한 상황에서 다양한 질문들을 하고 싶은데 말이다.

이게 지금까지 우리가 잘못 잡은 영어 학습 방향이었던 것이다. 생각해 보자. 우리가 대화를 잘하려면 답변을 잘해야 할까? 아니면 질문을 잘해야 할까? 이 질문을 사람들에게 매번 해 보면 모든 사람들이 '질문을 잘해야 합니다.'라고 말한다. 당연하다. 대화가 잘 진행되기 위해서는 반드시 질문을 하며 대화를 잘 이끌어 가야 한다. 그런데 왜 우리는 지금까지 답변만을 준비해 왔을까?

여러분이 소개팅을 나갔다고 가정했을 때 상대방이 질문을 잘 유도해 준다면 그 대화는 재미있고 유익할 가능성이 크다. (다만 상대방이 맘에 들었을 경우에는 말이다.) 하지만 서로 질문을 하지 않고 상대방의 질문에 답변만 한다면 이내 대화는 끊기게 되고, 서로 멀뚱멀뚱거리고 있을 것이다. 그리고 이내 "뭐 좀 물어 보세요."라는 말을 하게 될 것이다. 질문을 잘하는 사람이 대화를 잘 이끌어 나가는 사람이다.

그럼 우리가 영어회화를 배울 때 다양한 질문을 습득해 나가는 것이 중요하지 않을까? 물론, 답변을 잘 준비하는 것도 질문만큼 중요하다. 하지만 상대방이 나에게 질문하지 않는다면 그 답변은 쓸데가 없다. 뜬금없이 답변만 할 수 없기 때문이다. 그래서 답변은 답변으로 그치는 경우가 대부분이지만 질문을 잘하면 상대방으로 하여금 그 질문의 답변을 대화를 통해 자연스럽게 얻어 낼 수 있다. 그러면 내가 한 질문을 통해 그 질문의 여러가지 답변을 들을 수 있고 그것을 덤으로 효과적으로 익힐 수 있다. 내가 쏟아 내는 질문을 통해서 대화가 자연스러워지는 것은 당연하고 말이다.

　그래서 이전의 이미지 메이킹 잉글리시 시리즈에서 질문을 획기적으로 보강했다. 책의 한 문장 한 문장의 모든 상황마다 그 상황을 물어 보는 질문을 추가했다. 이 작업을 도와주었던 원어민 친구는 지금까지 살면서 이렇게 다양한 질문을 만들어 본 것이 처음이었다고 말할 정도였다.

　전 세계적으로 이렇게 다양하고 세부적인 영어 질문법을 이 책보다 더 다양하게 갖추고 있는 책은 찾아보기 힘들 것이다. 어떤 상황의 질문은 약간 어색할 수도 있다. 모든 상황이 완벽히 질문할 수 있는 것이 아니라서 그런 것인데 그런 억지성의 질문도 원어민적인 사고에서 어떻게 만들어 질 수 있는지를 알 수 있는 소중한 경험이 될 것이다. 우리도 살다 보면 질문을 억지로 만들어 사용하는 경우가 있으니 말이다.

내가 이 책을 쓰는 이유는 내가 완벽한 영어를 구사하기 때문이 아니다. 내가 우리나라에서 가장 영어를 잘하기 때문도 아니다. 아마 나보다도 영어를 잘하는 사람들은 이 땅에 적잖이 있을 것이다. 하지만 내가 이렇게 책을 쓰는 이유는 그들이 못 보는 것을 내가 볼 수 있다고 생각하기 때문이다.

나는 천재가 아니다. 다른 사람들의 영어 학습에 도움이 되기 위해서 내가 천재가 될 필요는 없다고 생각한다. 오히려 난 내가 둔재인 것이 더 자랑스럽다. 내가 둔재이기 때문에 많은 사람들이 내 방식을 쉽게 적용할 수 있기 때문이다. 만약 내가 천재였다면, 천재가 아닌 대부분의 사람들은 내가 이 책에서 말하는 방식을 쉽게 하지 못할 것이다. 천재는 둔재의 어려움과 이해 못함을 알 수 없기 때문이다.

이 책을 읽는 독자에 대한 나의 바람은 이 책을 읽고 영어 학습에서의 현실을 직시했으면 하는 것이다. 그리고 정말로 영어를 잘하고 싶다면 지금 자신의 영어 공부를 다시 한 번쯤 좀 더 떨어져 객관적으로 평가해 보고 정말로 내게 도움이 되고 있는지를 관망해 보아야 한다는 것이다. 내가 하는 영어 학습 방식이 잘못되었다고 느껴지면 과감히 바꿀 줄도 알아야 한다.

이 책에서 제시되는 영어 학습법 이론을 믿든 그렇지 않든 그것은 이 책을 읽게 되는 학습자의 몫이다. 하지만 지난 12년 동안 수많은 이미지 메이킹 잉글리시 학습자들에게 그 효과를 검증받아 왔고, 인정받은 명품 학습법이 되었다. 이 책에서 제기한 이론과 방법은 순전히 내가 공부하는 과정에서 부닥친 문제를 하나하나 해결해 가면서 터득한 것들이라 나와 같은 둔재의 환경을 가진 누구에게나 도움이 될 것이라고 생각 된다.

이미지 메이킹 잉글리시 학습법이 지금의 나를 만들었다. 무슨 말이 더 필요하겠는가?

2016년 9월
김명기

Part 2 영어로 가는 마지막 비상구,
이미지 메이킹 잉글리시 Q

이 책의 수익금 일부는
여러분들이 무료로 사용하실 수 있는
국내 최대 영어 문장 사전 어플 '센딕(SENDIC)'의
지속적인 문장 데이터와 기능 업그레이드에 사용됩니다.

Part 1

계속되는 한국인의
영어 콤플렉스

01

지금까지의
영어 학습법의 한계

대부분의 사람들은 영어를 공부할 때 문장을 이런 식으로 암기한다. "He is a hick. 그는 촌놈이다. It sucks to be you. 그거 쌤통이다." 영어 문장을 이해하고 암기하기 위해서 한글의 도움을 받는 것이다. 그런데 이 방법에는 몇 가지 문제가 있다.

'영어는 언어'다

영어를 공부하는 적지 않은 사람들이 영어가 그냥 단순 암기과목이라고 생각하고 있는 것 같다. 회화책 몇 권을 달달 외우고 있는 사람, 죽도록 단어만 달달 외우는 사람, 문법책만 달달 외우는 사람… 이런 식으로 영어 문장을 외우면 영어 문장에서 바로 이미지를 얻는 것이 아니라 한 다리 건너 한글로 번역된 문장에서 이미지를 얻으므로 무엇보다도 정확하게 그 이미지나 뉘앙스를 느끼지 못한다.

이보다 더 큰 문제는 나중에 그 영어를 사용하기 위해서는 '한국어 → 영어'의 단계를 거꾸로 다시 거쳐야 한다는 것이다. 내가 영어 문장을 암기하기 위해서 한국어를 촉매로 사용했기 때문에 다시 그 영어 문장을 생각해 내기 위해서는 촉매로 쓰였던 우리말 문장을 먼저 떠올리고 그 다음에 그 문장에 맞는 영어 문장을 생각해 내야 하는 것이다. 이는 우리나라 말이 영어를 학습하기 위한 연결 고리가 되었기 때문인데, 그 결과는 실로 무섭다. 왜냐하면 이러한 '한국어 → 영어, 영어 → 한국어'와 같은 과정 없이는 영어가 입에서 나오지 않기 때문이다.

이런 식의 학습법을 고집하는 한 모국어(한국어)의 간섭에서 벗어나 자유자재로 영어를 구사하기가 쉽지 않다. 영어를 모국어처럼 구사하려면 모국어(한국어)의 간섭 없이 영어에서 바로 이미지를 받아들여야 하고, 그러기 위해서는 우리의 모국어인 한글의 간섭을 철저히 배제해야 하는 것이 영어를 제대로 익히기 위한 중요한 첫 과제다.

언어는 상황과 함께라야 진짜다

문제는 또 있다. 우리말을 통해 받아들인 영어의 이미지는 우리말에서 빌려온 이미지이기 때문에 느끼는 게 아니라 단순 암기를 하는 꼴이 된다. 그래서 영어를 말할 때 느낌이 '팍팍!' 오질 않는 것이다.

쉽게 예를 들어 "Fuck you!"라는 말을 보자. 원어민에게 이 말을 하면 총을 맞을지도 모르지만 우리나라 사람에게 하면 어느 정도의 심한 욕인지 그 뉘앙스를 잘 모르기 때문에 화를 내기는 커녕 피식 웃고 마는 경우도 있다. 만약 우리가 이 문장을 처음 접했을 때 그 문장이 쓰인 상황에서 그 느낌과 이미지를 영어 문장 그대로 받아들여 확실히 느꼈다면 우리도 무진장 화를 내거나 여기저기로 몽둥이를 찾아 다녔을 것이다.

이처럼 우리는 많은 영어 문장을 그 문장이 실제로 쓰이는 상황과는 동떨어진 상태로 사용하고 있다. 이는 영어 문장을 단순 암기한 데서 비롯된다. 단순히 뜻만 피상적으로 알고 있으면 실수하기 쉽지만, 그 영어 표현이 사용되는 상황의 느낌과 이미지를 제대로 알고 있으면 절대 실수하지 않는다. 지금까지처럼 영어 학습에서 우리말이 계속 다리 역할을 하는 한, 우리는 항상 이 다리를 통해서만 영어에 접근할 수 있을 것이고, 그랬을 때 영어는 언제까지나 제2외국어로 남을 것이며, 넘쳐나는 콩글리시 또한 피할 길이 없게 된다.

그럼 어떻게 한글의 간섭 없이 영어를 공부할 수 있을까? 어렵지 않다. 특수 제작된 그림 이미지를 이용한 초기화 작업으로 영어 학습에서 한글의 간섭을 없애 버리면 된다. 구체적인 방법은 이 책의 제2부 '이미지 메이킹 잉글리시 Q'에서 좀 더 자세히 설명하도록 하겠다.

머릿속에서 문장을 일일이 만들고 있다면 다시 시작할 각오를 하자

어떤 사람이 영어를 말할 때 그 사람을 잘 보라. 눈을 반쯤 위로 치켜뜬 채 천장을 보면서 말하는 사람, 눈은 앞을 보고 있지만 초점이 없는 사람, 상대에게 말하기 전에 혼자 뭔가를 중얼거리는 사람 등 별별 희한한 사람들이 많다. 아마 머릿속에서 영어 문장이 이리저리 바쁘게 뛰어다녀서 그럴 것이다. 영어로 말하기 전에 먼저 우리말을 생각하고, 그것을 다시 영어로 잽싸게 옮겨야 하니 얼마나 머릿속에 복잡하겠는가. 그럴 만도 하다.

그럼 우리가 우리말을 할 때를 생각해 보자. 머릿속에서 먼저 문장을 만든 다음 입으로 표현을 하던가? 아니다. 말하고 싶은 어떤 이미지나 느낌, 즉 전체적인 테두리만 있으면 말이 습관적으로 저절로 술술 나오는 것이다. 영어도 마찬가지다. 전체적인 이미지 만 정확히 갖고 있으면 입에서 영어가 술술 나오기 마련이다. 그렇 지 않고 어떤 말을 하기 전에 영어로 된 문장이 머릿속에서 미리 준비되어야 한다면 절대로 자연스러운 영어가 나오지 않는다. 설 령 입에서 쉽게 나온다 하더라도 그것은 유창한 콩글리시일 가능 성이 높다.

영어를 유창하게 하려면 내가 느끼는 어떤 이미지에 즉각 반응 하는 짧은 영어 표현들이 내 머릿속에 각인되어 있어야 한다. 그래 야 내가 생각하는 느낌대로 술술 말이 연결되어 나올 수 있다. 영 어로 뭔가를 하고 싶다면 영어를 모국어로 쓰는 사람처럼 발음을 하고 말을 하는 것은 필수다. 내가 그들을 제대로 이해하지 못하 고 내가 그들을 제대로 이해시키지 못하면, 영어로 뭔가를 해야겠 다는 생각은 일찌감치 접어 두는 게 좋다. 특히 정확하고 자연스 러운 영어 발음은 언어습득에서 절대 포기해서는 안 되는 요소다.

02

무조건 듣기만 하면 된다는
방식의 치명적 오류

영어, 아는 만큼만 들린다

"해석하지 않고 무조건 많이 들어라. 어느 정도 시간이 지나면 자연
스럽게 이해가 되고 말문이 탁 트이고, 말이 하고 싶어 입이 근질근
질할 것이다."

유창한 영어 소유자도 이런 얘기를 종종한다. 사람들은 이 말이
사실이기를 바라는 것 같다. 하지만 결론부터 말하면 듣기만 백날
해 봐야 말문은 결코 트이지 않는다. 언어의 습득은 상황이 반복
되지 않으면 아무리 소리만 반복해서 듣는다고 해서 해석 없이 이
해가 되기는 거의 불가능하다. 듣기만 했는데 이해가 되더라는 말
은 외국에서의 경우에는 가능하다.

외국에서의 유학 생활을 예로 들어 생각해 보자. 집을 나오면서

항상 마주치게 되는 원어민이 있다고 가정하자. 그런데 그 원어민이 뜻 모를 말을 하는 것이다.

"Top of the morning to you!"

Top of the morning to you!

처음 들었을 때는 "탑 뭐시기 투 유"라고 웃는 얼굴로 정중하게 말하는 것 같다. 처음에는 전혀 감이 잡히지 않는다. 아침 인사라면 분명히 "Hi! Good Morning!" 정도로 했을 텐데 말이다. 그런데 다음 날 아침 집을 나서면서 그 원어민을 다시 만났고, 또 같은 말을 하면서 이번에는 활짝 웃어 보이는 것이다. 그래서 나도 웃어 보였다. 그 다음 날도 같은 일이 반복되면서 나는 '그 말이 아침 인사의 일종인가 보다'라고 생각하게 된다. 그래서 그 말을 그대로 익혀서 내가 만나는 다른 사람들에게 그 말을 사용한다.

"Top of the morning to you!" 하면서 그 원어민이 나에게 한 것처럼 미소를 지어 보이면서 말을 했더니 그 말을 받는 원어민이 정말로 좋아하면서 "Last of the day to you!"라고 말해 주는 것이다. 그래서 난 '아하! 이렇게 아침 인사를 하면 저렇게 대답해 주는 것이구나!'라고 생각하게 된다. 그리고 다음 날 옆집 원어민이 같은 인사를 해오면 나는 "Last of the day to you."라고 반갑게 화답한다. 그 원어민은 뜻밖의 화답에 나에게 더 친근한 말들을 걸어온다.

이게 바로 외국에서 흔히 언어를 자연스럽게 받아들이는 과정이다. 이런 과정에서 언어를 배운 사람들은 우리나라에 와서는 해석하지 말고 자꾸 들으면 그 말의 뜻이 이해된다고 한다. 그렇지만 그런 말은 외국 생활에서는 언어와 함께 형성되는 상황이 있다는 점을 간과하고 있다고 볼 수 있다.

말은 해석이 없다면 상황이라도 반복되어야 한다. 그래야 그 언어를 듣게 되는 사람이 그 정확한 의미를 유추하게 되는 것이다. 그럼 여기서 '상황도 없이 소리만 해석하지 않고 무조건 들릴 때까지 듣는다'는 말을 다시 보자. 이 말은 정말 책임감 없는 말이다. 아무리 듣는다고 해도 해석 없이, 상황 없이는 그 말은 절대로 이해되지 않기 때문이다.

가정을 해 보자. 우리가 아주 좋아하는 팝송이 있는데 그 노래를 수백 번, 수천 번 듣다 보니 완전히 똑같이 흉내 내서 따라 하게 되는 경우가 있다. 사실 이는 영어를 정확히 따라 한다기보다는 소리를 대강 흉내 낸다고 봐야 할 것이다. 우리가 갖가지 동물의 소리를 흉내 내는 것처럼 말이다. 그들의 주장이 맞다면 몇 년에 걸쳐서 그렇게 많이 들었던 팝송은 완전히 이해가 되어야 한다. 그런데 우리가 알고 따라 부를 수 있는 팝송 중에서 우리가 정확히 이해하는 부분은 얼마나 되는가? 그리고 그 팝송의 해석을 보거나 영어 문장을 보기 전에 듣기만 해서 그 팝송의 내용을 알게 된 사람이 있는가? 물론 영어를 잘하는 사람은 제외하고 말이다.

이 세상에서 가장 무책임한 말은 '해석하지 말고 이해될 때까지 들어라!'라는 말이라고 생각한다. 그리고 사람들은 이런 말을 신봉하면서 단지 영어라는 소리에 익숙해지는 것이 마치 영어의 의미를 이해하게 되는 것처럼 생각한다. '그래도 전보다는 영어가 더 잘 들리는 거 같아!' 하면서 그 방법을 고집하는 사람들이 있다. 그런데 이 점을 생각해 봐야 할 것 같다. 소리에만 익숙해지고, 여전히 들리는 소리가 이해되지 않고 있는지를 말이다.

무조건 많이 들으면 말문이 터지고 유창해진다? 천만의 말씀!

영어는 말하기부터 해야 한다. 말하는 데 익숙지 않으면 죽도록 테이프를 들어도 절대로 말할 수 없다. 듣는 것은 몇 단어만 주의해서 들어도 대충 그 뜻을 파악할 수 있다. 그것은 바로 대화할 때의 상황이나 문장 속의 상황이라는 것이 있기 때문이다. 하지만 말하는 것은 세세한 기능어들까지도 다 사용해야 한다. 많은 사람들이 "나는 듣는 것은 어느 정도 되는데, 말하는 것이 안 된다."고 하는 것도 실은 이 때문이다. 자기 입으로 직접 소리 내어 공부하지 않고 듣기 위주로 공부를 한 사람은 말을 할 때도 징검다

리처럼 어설프게 단어만 배열하는 문장을 구사하기 쉽다. 그건 듣기 훈련을 할 때 중요 단어를 위주로 골라 듣는 훈련을 한 결과다. 몇 개의 중요 단어만 전달해도 원어민이 알아듣기 때문에 그다지 문제점을 느끼지 못한다. 그래서 자기 영어가 얼마나 서툰지 잘 모른다.

들을 수 있다면 말할 수 있을까? 그렇지 않다. 들을 수 있어도 말하지 못하는 경우가 많다. 그러면 말할 수 있다면 들을 수 있을까? 확실히 그렇다. 내가 쉽게 말할 수 있는 문장은 설사 말하는 원어민이 대충 얼버무려도, 순서를 바꾸어서 말한다고 해도 들을 수 있다.

말을 제대로 못하는 사람이 영어를 처음부터 끝까지 기능어까지 하나도 빠뜨리지 않고 전부 알아듣는 것은 어렵다. 따라서 이런 사람은 부분적으로 들은 단어로 자기 나름대로 의미를 추리하게 된다. 하지만 이런 식으로 해서는 결코 영어를 잘할 수 없다. 이와는 반대로 말할 수 있는 문장이 많으면 많을수록 들을 수 있는 문장 또한 그만큼 많아진다. 자신이 정확히 알고 있는 문장은 일부분만 들어도 그 나머지 부분을 유추할 수 있기 때문이다. 뿐만 아니라 말을 할 줄 알면 듣기가 쉬운 것은 상대방의 대답을 미리 추측할 수 있기 때문이다.

그럼 어떻게 해야 할까? 많이 들어야 할까 아니면 말을 많이 해야 할까? 나라면 말을 많이 하는 쪽을 택하겠다. 그러면 말하기,

듣기 두 가지를 동시에 잡을 수 있을 테니까. 무조건 많이 들으면 말문이 트인다고 하는 말은 바흐의 '평균율'을 천 번쯤 반복해서 들었더니 어느 날 갑자기 내가 피아노로 똑같이 연주할 수 있게 되었다는 말과 같다. 내가 피아노 건반을 직접 두들겨 보기 전에는 피아노를 연주할 수 없듯이 내가 혀를 움직여서 발음해 보지 않은 말들은 절대로 내 입을 통해서 제대로 나오지 않는다는 것을 다시 한 번 생각해 봐야 할 것이다.

03

영어 공부의 시작은 발음이다

영어로 말은 곧잘 하는데 발음은 영 아닌 사람들이 꽤 많다. 이유는 다양하다. 이미 굳어진 발음은 교정이 불가능하다는 생각에 교정할 엄두도 못 내는 사람, 대충 연음만 엇비슷하게 연습해서 발음을 흉내 내는 데 만족하는 사람, 실제는 그렇지 않은데 자기 발음이 좋은 것으로 최면에 걸려있는 사람 등.

발음 교정은 선택이 아닌 필수

영어에 발음 교정이 왜 필요한가? 영어는 외워서 암기하고 이해만 하면 되는 암기 과목이 아니라 상대방과 주고받아야 하는 언어다. 때문에 발음 교정은 영어를 제대로 하기 위한 가장 기본적인 것이다. 영어에 입문하는 과정에서 반드시 발음 교정이 필요하다.

머릿속에 아무리 많은 영어가 들어가 있어도 발음 교정이 되어 있지 않다면 입 밖의 자연스러운 문장으로 나오기가 힘들다. '구슬이 서 말이라도 꿰어야 보배다.'라는 속담이 있다. 우리의 영어를 입 밖으로 나올 수 있는 '보배'로 만들기 위해서는 우리의 영어를 '발음'이라는 도구로 잘 꿰어야 한다.

그동안 아주 많은 시간을 영어 공부에 소비했는데도 제대로 된 영어를 말하지 못하는 것은, 입시 위주의 교육이 발음 교정이라는 것을 철저히 무시해 버렸기 때문이다. 원칙적으로 우리가 영어 공부를 시작하기 전에 발음기호를 기본으로 하는 발음 교정을 제일 먼저 다뤘어야 했다. 그래야 내가 익힌 영어를 상대에게 제대로 표현할 수 있고, 또 상대방의 말을 제대로 들을 수 있는 기본적인 발판이 형성되는 것이기 때문이다. 발음 교정을 하지 않고 영어를 하는 것은 마구 휘어진 자를 가지고 직선을 그리려고 노력하는 것과 같이 큰 의미가 없다.

한 가지 충격받을 만한 얘기를 한다면 영어와 한국어 사이에 같은 발음은 단 하나도 없다는 것이다. 영어는 호흡의 길이와 발음하는 타이밍 그리고 입 모양과 혀의 위치는 물론이고 발성까지도 완벽히 다른 언어다. 기존의 한국어 발음을 하는 조음법과 발성법으로 영어 발음을 배운다는 것 자체가 말도 안 되는 이야기다. 영어로 말을 하겠다고 생각했다면 영어를 제대로 말할 수 있는 한 음절에 할당되는 호흡의 길이와 발음하는 타이밍, 입 모양, 혀의 위치 그리고 아래턱이 위치에 따른 발성을 제대로 형성하는 훈련을 하는 것이 반드시 필요하다.

발음 교정은 말하기뿐 아니라 들기에도 영향을 미친다

한 원어민 교수님이 영어회화 수업 중에 이런 말을 했다. "왜 너희들은 모두 자기 생각을 얘기하면서 '나는 가라앉는다'고 말을 하는지 모르겠다."라고 말이다. 'I think'의 발음이 서툴러서 'I sink'가 되어버렸던 것이다.

영어 발음이 서툴기 때문에 빚어지는 해프닝은 이밖에도 무수히 많다. 하나만 더 예를 들어보자. 내가 원어민 친구들과 자주 장난치는 말이 있는데, 그 말은 바로 "I rub you."다. "나는 너를 비빈다."라는 뜻이다. 그런데 원어민 친구와 내가 한국 사람들 앞에서 이 말을 하면 사람들은 'love'로 생각해 묘한 반응을 보인다. 그럼 난 한술 더 떠서 "I want you to rub me."라고 말하고, 다시 "I'm going to rub you forever."라고 한 다음, 급기야 서로 포옹까지 하면서 "We rub each other."라고 하면 다들 뒤로 넘어간다. 사람들은 모두 우리가 하는 말을 "나는 너를 사랑해", "나는 네가 나를 사랑하기를 원해", "나는 너를 사랑할거야 영원히", "우리는 서로 사랑하고 있어요."라고 이해한 것이다. (뭐, 제대로 'rub'로 이해했더라도 이상하게 보기는 마찬가지였을 것 같기는 하다. 남자 둘이서 서로 비벼 달라고 하는 상황이니….)

원어민에겐 절대 안 통할 이런 장난이 우리나라 사람에게 통하는 이유는 바로 [r]과 [l], [v]와 [b]의 발음을 제대로 구분하지 못하기 때문이다. 물론 한국에서 오래 산 원어민들은 한국 사람들이 "A man rubbed a woman."이라고 말해도 그 분위기로 내용을 감 잡아 "A man loved a woman."으로 이해한다. 하지만 우리가 자주 사용하는 말인 "I have a rubber."이라는 말을 들을 때는 이런 원어민마저 두 손 두 발 다 들게 된다고 한다. 그 말을 한 한국 사람은 "I have a lover.(저는 사랑하는 사람이 있어요.)"라고 말한 거겠지만, 결국은 이렇게 말한 것이 돼버렸기 때문이다. "나는 콘돔이 있어요."(rubber는 콘돔의 슬랭 표현이다.)

발음 교정을 통해서 내가 그 소리를 정확히 내면, 그 소리를 만들어 내는 원리를 이미 파악하고 있고 정확한 발음에 익숙해져 있기 때문에 듣는 순간에 순식간에 자연스럽게 발음의 정체를 구별할 수 있다. 그래서 영어가 훨씬 더 빠르고 명확하게 구분되어 들리고 예전에는 안개처럼 모호하게 들렸던 영어가 발음 교정 후에는 아주 깨끗하게 들린다.

"영어 듣기를 잘하려면 어떻게 해야 하나요? 영어 귀를 뚫으려면 어떻게 해야 하죠?"라는 질문에 나는 반드시 "발음 교정을 하세요."라고 대답한다. 그러면 사람들은 '듣기를 잘하려면 많이 들어야 하지 않나?' 하면서 의아해 하는 경우가 적지 않다. 다시 말하지만 잘 듣기 위해서는 잘 말할 줄 알아야 한다. 이건 분명하다!

I can do it!

영어에 강력한 자신감을 불어넣는다

원어민에게 영어로 질문을 했는데, 원어민이 잘 못 알아듣는 경우가 있다. 원어민이 딴 생각을 하고 있었거나, 질문자가 뜬금없이 연관성 없는 질문을 했거나, 발음이 제대로 되지 않는 등 여러 가지 이유가 있을 수 있다. 그런데 원어민이 "Sorry?" 하고 다시 물어보면 사람들은 대부분 자신의 발음과 문장에 문제가 있어서 못 알아들었다고 생각하고 좌절한다. 그리고는 자신의 발음이나 문장에 이상이 있었을 것이라는 생각에 문장을 다른 식으로 살짝 바꾸고 발음도 좀 더 굴려서 다시 질문한다. 하지만 처음보다도 더 이상한 발음과 문장이 되는 경우가 많아 상황은 점점 더 악화된다. 그 다음부터는 아예 입 밖으로 말을 꺼내는 것을 두려워한다. 상대방이 내 어색한 발음을 흉보지나 않을까 하고 말이다.

내가 아는 한 어학생(발음 교정을 해 본 적이 없다.)은 영국으로 배낭여행을 가서 식사를 주문할 때 다이어트 콜라를 요청했다. 콜라를 '코크(coke)'라고 발음해야 한다는 건 익히 알고 있었으므로 자신있게 "코~크"라고 외쳤지만 주문을 받는 사람들마다 몇 번씩 되묻는 통에 '콕'이라고도 해보고 '콕~흐'라고도 바꿔 말해 봤다. 하지만 역시 거의 제대로 알아듣지 못했다는 것이다. 너무도 간단한 단어 한마디도 제대로 인식시키지 못했다는 좌절감에 결국 그녀는 여행하는 내내 말로 주문하는 대신 손가락으로 메뉴판을 가리키는 방법을 써야 했다고 한다. Coke는 [kouk]로 발음이 되는데 이 중에서 [ou] 발음이 잘 되어야 제대로 전달할 수 있다. 우리는 [ou]를 [이로만 발음하기 때문에 문제가 생기는 것이다.

영어 발음 교정을 하면 자신의 발음에 자신감을 얻고, 원어민이 못 알아듣는 것에 대해서 걱정하지 않게 된다. 그리고 원어민이 잘 못 알아들어 다시 물어 보더라도 이전과 같이 긴장하지 않고 같은 표현을 좀 더 천천히 같은 식으로 또박또박 다시 표현하게 될 것이다. 우리끼리 대화를 하다가도 잘 못 알아듣는 경우에 다시 천천히 또박또박 말을 하는 것처럼 말이다. 결론을 내리자면 정확한 발음 교정은 영어에 대한 자신감으로 이어지게 된다. 영어 발음과 영어에 자신감이 생기면 남은 건 성공으로 가는 길을 꾸준히 가는 것 뿐이다.

첫 단추부터 제대로

회화 연습을 할 때도 정확한 발음을 내면 좋은 습관이 된다. 일단 회화가 유창해진 후에 발음을 교정하겠다고 생각하면 오산이다. 잘못된 습관으로 굳어진 발음을 교정하려면 더 오랜 시간이 걸리고 많이 힘들어진다. 발음이 제대로 안 되는 상태에서 회화 자체가 제대로 자연스럽게 되는 게 힘들기 때문이다.

영어 발음에서 가장 중요한 것은 한 음절에 할당되는 호흡의 길이와 발음하는 타이밍, 입 모양, 발성, 아래턱의 위치 등이다. 이런 발성 요소들의 관찰 없이 어떤 발음을 무작정 흉내 내다 보면 호흡의 길이와 발음하는 타이밍에서부터 입 모양이나 혀의 위치가 틀려져 결국 자기가 듣기에 가장 비슷하다고 생각하는 엉터리 콩글리시 영어 발음을 만들어내게 된다. 있지도 않은 영어 발음을 새롭게 만들어내게 되는 것이다. 이렇게 만들어진 요상한 발음은 한국 사람들의 귀에는 영어같이 들리고 어느 정도 영어와 비슷하게 들려도 원어민의 귀에는 엄청 이상하게 들린다는 것이 문제다.

우리나라 사람들이 일반적으로 좋은 영어 발음이라고 생각하는 것이 실제 원어민의 영어 발음과 대부분 다르다. 우리가 모르고 있을 뿐이다.

영어의 반 - 원어민 같은 영어 발음이 가능할까?

우리나라 사람들이 영어 발음을 제대로 하기 위해서는 물리적인 차이를 극복해야 한다. 그냥 소리만 비슷하게 따라 해서 되는 것이 아니다.(아래턱의 위치, 어금니 간격이 벌어진 이유, 아래턱이 움직이는 방향, 입 모양, 호흡의 길이, 발음하는 타이밍 등등)

영어를 배우는 사람들이 "발음 교정을 하고 싶은데 어떻게 해야하나요?" 하고 물으면 가르치는 사람들은 영어 발음은 신경 쓰지 않아도 자꾸 듣고 따라 하다 보면 원어민 발음이 된다고 말한다. 영어 발음은 듣고 부지런히 따라 하다 보면 언젠가는 되니 영어 발음에 신경 쓰지 말고 단어나 문장 하나라도 더 외우는 것이 낫다고 말한다. 하지만 그렇게 말하면서 영어를 가르치는 사람들조차도 아직까지 영어 발음이 제대로 되지 않는 경우가 대부분이다.

적어도 우리나라 사람들에게는 영어 발음은 그냥 듣고 따라 해서 자연스럽게 익혀지는 것이 아니다. 듣고 따라 해서 어떤 외국어의 발음을 자연스럽게 습득하려면 이미 가지고 있는 모국어와 받아들이려고 하는 외국어의 발성과 한 음절에 할당되는 호흡의 길이, 발음하는 타이밍 등등이 같거나 유사해야 하는데 우리나라 말과 영어는 이런 부분에서 전혀 다르다.

그래서 우리나라 사람들이 영어 발음을 제대로 습득하려면 그냥 듣고 따라 해서 되는 것이 아니라 원어민의 발음을 듣고 그대로 따라 할 수 있는 물리적인 변화를 트레이닝을 통해서 형성해 줘야 하는 것이다.

우리나라 말과 영어는 아래에 제시하는 것과 같은 물리적인 차이가 있는데 이런 부분들이 해결되어야 비로소 원어민의 발음을 듣고 그대로 정확히 따라 할 수 있는 기본적인 여건이 형성되게 된다. 그러면 원어민의 발음을 듣고 따라 하게 되면 자연스럽게 원어민 발음을 형성할 수 있다.

우리가 영어를 듣고 그대로 따라 하기 위한 물리적인 조건은 다음과 같다.

1. 발음하는 타이밍이 다르다.

우리나라 말보다 영어는 발음하는 타이밍이 좀 더 앞에 있다. 0.5 정도 앞에서 시작하기 때문에 발음하는 타이밍을 우리말 하는 것보다 좀 더 앞으로 당기는 훈련을 해야 한다.

영어식 영어발음

give [giv]

위의 그림 자료를 보면 우리식의 영어 발음보다 영어식 영어 발음에서 발음하는 타이밍이 앞으로 0.5 정도 앞에 있는 것을 알 수 있다. 그리고 입 모양도 V 발음이 좀 더 타이밍이 빠르게 형성되는 것도 볼 수 있다. 그래서 우리가 'Image'라는 단어를 읽을 때 '이미지'라고 읽으면 절대 제대로 된 영어 발음을 할 수 없고 이것을 영어식으로 하려면 특허받은 'STOP SOUND'를 적용해서 '입.밑.쥐'라고 정확히 분리해서 읽는다. 그러면 이전에 형성하지 못했던 원어민의 영어 발음의 탄력과 리듬감을 만들어 낼 수 있게 되는 것이다.

2. 한 음절에 할당되는 호흡의 길이가 다르다.

우리나라 말보다 영어의 한 음절에 할당되는 호흡의 길이가 짧다. 우리나라 말보다 호흡의 길이는 짧지만 호흡의 압력이 더 강하고 일정하고 고르게 모든 음절에 길이와 힘이 유지되는 것이 특징이다.

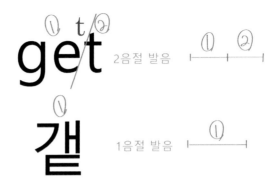

위의 그림을 보면 알 수 있듯이 우리말의 한 음절에 할당된 호흡의 길이는 영어보다 길다. 하지만 'get'의 경우 우리나라 사람들이 원어민처럼 발음하기 위해서 2개의 음절로 분리해서 읽어야 하는 발음을 '갵'과 같이 한 음절로 발음하기 때문에 실제 음절수는 영어가 더 많게 된다. 즉 그림과 같이 실제 영어 단어의 리듬 길이가 우리식의 발음보다 더 길어지는 결과가 나타나게 되는 것이다. 우리가 원어민 발음을 들으면 '갵'보다는 'get'이 더 길게 들리는 이유가 바로 여기에 있다.

우리는 'get'이 1음절로 발음해야 하는 단어로 알고 있고 원어민도 그렇게 말하지만 우리는 우리나라 말 구조 때문에 1음절로 발음하게 되면 정확한 우리식의 1음절 영어 발음만 만들어지게 된다. 우리식의 1음절 발음은 영어와는 전혀 다른 형태의 발음이 되기 때문에 기존의 음절 구분 방식으로는 우리나라 사람들이 영어를 제대로 읽는 것이 어렵다. 'STOP SOUND'로 단어를 미세 분리해서 2개의 음절로 발음해야 비로소 원어민이 발음하는 1음절의 영어 발음의 형태가 만들어지기 때문이다.

이건 우리나라 말의 특성 때문이다. 영어가 한 음절에 할당된 호흡의 길이가 더 짧기 때문에 그보다 긴 호흡의 길이를 가지고 있는 우리는 원어민이 말하는 1음절을 정확히 낼 수 없다. 그래서 호흡이 더 긴 만큼 무겁고 처지는 영어 발음이 만들어지게 된다. 그래서 영어식의 1음절을 정확히 내려면 우리나라 사람들은 호흡의 길이를 더 짧게 하면서 발음하는 타이밍을 반드시 맞추는 훈련을 반드시 해야 한다.

3. 우리나라 말에는 없는 'STOP SOUND(사잇소리)'가 영어에는 있다.

우리나라 말은 음절과 음절을 연결해 주는 사잇소리가 없지만 영어는 음절과 음절, 단어와 단어를 연결 해 주는 'STOP SOUND'가 있다.

음구분	자음발음기호	스탑사운드
양순음(Bilabial)	p,b,m	p
	w	uk
치경음(Lingua-alveolar)	t,d,l,n,s,z	t
	tʃ,dʒ	ut
연구개음(Lingua-velar)	k,g,ŋ	k
순치음(Labi-odental)	f,v	f
설치음(Lingua-dental)	θ,ð	θ
구개음(Lingua-palatal)	r,ʃ,ʒ	ut
	j	it
성문음(Glottal)	h	k

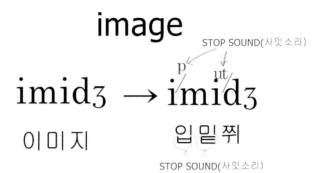

위의 그림에서와 같이 우리가 일반적으로 'image'라는 단어를 읽으면 왼쪽처럼(우리식으로) 그냥 읽는데 우리나라 말에는 없지만 영어에는 오른쪽에서 보는 것과 같이 사잇소리가 존재하기 때문에 이렇게 사잇소리를 넣어 주면서 읽어야 우리나라 발음에서 영어로 그 특성을 바꿀 수 있다.

'입밑쮜'에서 받침 부분이 절대 풀어지지 않도록 해서 읽어 보면 짜릿한 영어적인 리듬감과 발음의 힘과 탄력이 형성되는 것을 볼 수 있는데 영어 발음이 강하면서도 탄력적인 것은 우리나라 말에 없는 사잇소리의 역할 때문이다.

4. 우리나라 말과 영어는 아래턱의 기본 위치가 다르다.

우리나라 말은 아랫니가 윗니보다 더 안쪽으로 들어가 있는 것이 기본적인 위치인데, 영어는 아랫니의 위치가 윗니와 나란히 있는 것이 일반적인 기본 위치다. 이러한 아래턱의 위치에 따라서 발음의 발성과 리듬감이 달라지게 된다. 아랫니가 윗니보다 안으로 들어가 있으면 발음이 잘 끊어지는 언어적인 특징을 보이게 되고, 아랫니가 윗니와 나란히 있는 언어는 리듬이 부드러워지고 자연스럽게 연결되는 언어적인 특징을 가지게 된다.

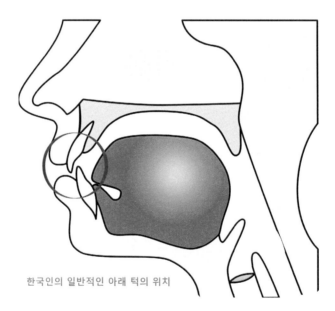

한국인의 일반적인 아래 턱의 위치

위의 그림처럼 우리나라 사람들의 아랫니의 위치는 안쪽으로 당겨져 있는 상태이고, 윗니와 아랫니를 기준으로 했을 때 아랫니가 윗니 뒤로 들어가서 약간 교차하는 식으로 위치해 있다.

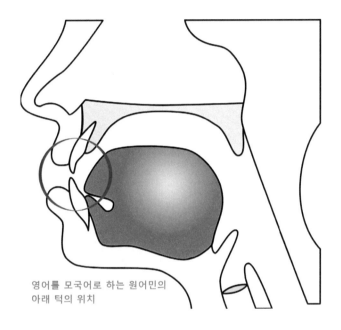

영어를 모국어로 하는 원어민의
아래 턱의 위치

하지만 영어를 모국어로 하는 원어민들을 보면 위의 그림처럼 아래턱이 좀 더 앞으로 나와 있고 앞니를 기준으로 하면 아랫니가 윗니와 나란히 있거나 좀 더 앞으로 나가 있는 경우가 대부분이다. 이런 아래턱의 위치 때문에 아래턱이 좀 더 나와 보이고 아래 입술도 윗입술보다 그림처럼 더 나와 보이는 것이 이런 이유가 있었던 것이다.

5. 우리나라 말은 아래턱이 수직(위·아래)으로만 움직이지만 영어
   는 앞과 뒤로 움직이는 것을 주된 동작으로 한다.

   턱이 수직으로 움직이면 우리나라 말에는 문제가 없지만 이런
   턱의 움직임 때문에 영어 발음을 할 때 콩글리시 리듬이 만들
   어지게 된다.

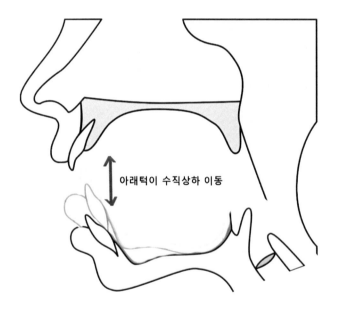

아래턱이 수직상하 이동

   이렇게 턱이 수직 아래로 떨어지면서 생기는 콩글리시 리듬은
특허 받은 '발음칩'(sendic.net에서 개별 판매)을 물고 연습하면 바로 교
정이 가능하다.

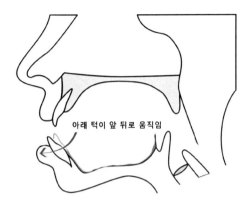

아래 턱이 앞 뒤로 움직임

위와 같이 턱이 살짝 떨어지듯이 수평으로 움직이는 영어 발음의 특징 때문에 우리나라 사람들보다는 영어를 모국어로 하는 사람들의 어금니 사이가 아래 그림과 같이 우리나라 사람들보다는 좀 더 넓게 유지된다. 그래서 발성이 달라지고, 영어를 발음하는 데 편한 구조가 된다.

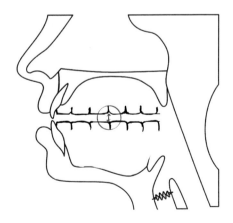

6. 우리나라 말의 리듬은 '강약강약' 구조를 가지고 있지만 영어 리듬은 '중중중중'을 연결해 나가는 리듬의 구조로 되어 있다.

우리나라 사람들이 영어 발음을 할 때 누가 알려 주지도 않았는데도 공통적인 콩글리시 인토네이션을 만들어 내는 것은 우리나라 말에 있는 강약강약의 리듬이 영어에 그대로 옮겨 가기 때문이다. 영어 발음 시 이런 강약 구조가 있으면 우리나라 말을 하는 느낌에서 벗어날 수 없고, 결국 영어를 제대로 읽을 수 없게 된다. 때문에 중중중중의 구조로 리듬을 바꿔 주는 훈련을 해야 영어를 제대로 막힘없이 읽을 수 있게 된다.

우리나라 말 식의 영어발음   정확한 영어발음

7. 우리나라 말과 영어는 각 발음의 입 모양과 혀의 위치가 우리가 생각하는 것과 많이 다르다.

하지만! 이 입 모양과 혀의 위치를 처음부터 너무 강조하면 좋지 않은 경우가 종종 있다. 처음에는 발음하는 타이밍과 한 음절에 할당되는 호흡의 길이를 맞추면서 영어의 리듬감을 형성하는 것이 중요하고 어느 정도 리듬감이 형성되기 시작하면 영어 발음에 필요한 입 모양과 혀의 위치를 좀 더 정확히 잡을 수 있다. 그렇게 되면 원어민도 놀라는 아주 듣기 좋은 정확한 영어 발음이 만들어진다.

우리가 영어 발음을 잘하기 위해서는 위에 적은 놓은 조건들 중에서 적어도 1~5번까지는 정확히 형성해 두는 것이 필요하다. 그다음에 6번까지 하게 되면 발음의 완성도는 더 높아진다.

우리나라 사람들이 우리나라 말을 할 때 보면 발음이 다 제각각이다. 어떤 사람은 발음이 이상한 사람들도 있다. 그건 우리가 우리나라 말을 배울 때 발음 교정을 통해서 배운 것이 아니고 그냥 듣고 따라 하는 수준으로 배웠기 때문에 발음의 오차의 범위가 생기는 것이다.

하지만 이것이 의사소통하는 것이나 우리나라 사람으로 판단하는데 전혀 문제가 되지 않는다. 발음이 다소 정확하지는 않더라도 우리나라 사람들은 발음하는 타이밍과 호흡의 길이가 같기 때문이다. 하지만 외국인이 우리나라 말을 하게 되면 발음하는 타이밍과 호흡이 우리와 다르기 때문에 우리는 그것을 듣고서 바로 우리나라 사람이 아니라 외국인일 것이라고 생각하게 된다. 아무리 발음을 또렷하게 해도 발음하는 타이밍이 다르면 외국인일 것이라고 바로 생각하게 된다.

이와 같이 우리가 영어 발음을 익힐 때 발음하는 타이밍과 한 음절에 할당된 호흡의 길이가 영어에 정확히 맞게 형성되면 일단 영어를 모국어로 사용하는 사람으로 생각된다. 이때 입 모양과 혀의 위치가 조금 불완전하다면 영어를 모국어로 사용하는 사람이지만 발음이 좀 정확하지 않은 사람으로 생각될 것이다.

만약 우리가 우리나라 말의 발음이 정확하지 않거나 좀 더 정확한 우리나라 말의 발음을 갖고 싶으면 우리는 발음 교정을 한다. 볼펜을 물고 입 모양과 혀의 위치와 움직임을 배우게 된다. 그러면서 아나운서와 같은 좀 더 정확한 발음을 배울 수 있다. 그런데 그건 발음하는 타이밍과 호흡의 길이가 이미 우리나라 말에 완전히 일치되었을 때의 일이다. 이 상태에서는 입 모양과 혀의 위치를 좀 더 어려운 동작으로 움직여도 그렇게 어렵지 않게 가능하다.

하지만 발음하는 타이밍과 호흡의 길이가 맞지 않은 상태에서 처음부터 입 모양과 혀의 위치만을 잡으려고 하면 입 모양과 혀의 위치를 억지로 잡는 것 때문에 오히려 더 중요한 타이밍과 호흡의 길이를 제대로 받아들이지 못하게 되는 경우가 생긴다. 그러면 영어 발음하는 것이 콩글리시 발음을 할 때보다 훨씬 더 어려워지고, 영어 발음 교정도 점점 더 어려워지는 경우가 생긴다.

나도 발음 교정 초기에는 입 모양과 혀의 위치를 잡는 것을 중심으로 했었다. 하지만 발음 교정을 하는 사람들이 나에게 자주 이렇게 말하는 것이다.

"영어 발음을 입 모양과 혀의 움직임을 정확히 하면서 발음을 하게
되니 오히려 이전보다 더 어렵고 부자연스럽다."

그때 나는 늘 이렇게 답변했다. "제대로 된 발음을 위한 과정이
고 그 입 모양과 혀의 위치에 익숙해지면 곧 발음이 좋아지게 될
것입니다."라고 말이다.

발음 교정 처음에 입 모양과 혀의 위치를 강조하면 발음이 좋아
지기는 한다. 문제는 발음, 즉 소리만 좀 더 정확해질 뿐 발음하는
타이밍과 한 음절에 할당된 호흡의 길이는 거의 변화가 없다는 것
이 문제였다. 이렇게 되면 발음 교정을 많이 해도 수없이 반복한
영어 스크립트만 잘 읽을 뿐 연습하지 않은 영어 스크립트를 읽으
면 또다시 발음이 처지고, 발음 교정하기 이전의 상태로 발음이
돌아가는 악순환을 반복하게 된다. 그리고 발음하는 타이밍과 호
흡의 길이가 제대로 정해지지 않고서는 입 모양과 혀의 움직임을
잡는 것도 훨씬 힘들다.

결론적으로 말하면, 발음 교정 초기부터 입 모양과 혀의 움직임
을 정확히 강요하는 것은 오히려 더 큰 것을 잃을 수 있다는 것을
경험으로 알게 되었다. 발음 교정 초기에는 정확하지는 않더라도
기본적으로 발음하는 데 필요한 입 모양과 혀의 움직임이 어느 정
도 근사치의 발음을 만들어 주는 정도까지만 형성하게 하고(대부
분 이 정도까지는 어렵지 않게 가능하다.) 그 상태에서 발음하는 타이밍과

한 음절에 할당된 호흡의 길이를 잡는 데 중점을 두어야 한다.

특히 발음하는 타이밍이 잘 잡히고 단어와 문장을 읽을 때 타이밍이 영어에 맞고 처지지 않게 형성되면 그 타이밍을 유지하면서 좀 더 정확한 입 모양과 혀의 위치, 움직임이 형성되도록 하는 것이 영어 발음의 완성도를 올리는데 가장 올바른 순서다. 이때는 더 정확한 고난이도의 입 모양이나 혀의 위치, 움직임을 잡는 것이 그렇게 어렵지 않다. 이미 영어 발음을 하는 흐름을 정확히 알기 때문에 그 흐름에 맞춰서 입 모양과 혀의 위치를 잡아 주는 것은 어렵지 않기 때문이다. 하지만 영어 발음의 흐름을 전혀 파악하지 못하고 형성하지 못하는 상태에서는 아무리 입 모양이 정확하고 혀의 위치와 움직임이 정확하다고 해도 원어민 같은 타이밍이 잘 맞는 탄력적인 영어 발음이 만들어지는 것은 힘들다.

우리가 생각하지 못하는 것이 있다. 우리나라 말은 표준어를 기준으로 했을 때 리듬이라는 것을 생각하지 않아도 될 만큼 리듬의 요소가 없다. 하지만 영어는 노래와 같이 소리 자체보다 리듬이 더 중요하게 적용되는 언어다. 우리나라 사람들이 영어 발음을 생각할 때 소리만 같으면 된다고 생각하는 이유는 우리나라 말이 소리만 같으면 이상 없이 전달되는 언어이기 때문이다. 하지만 영어는 소리가 아무리 같아도 리듬이 다르면 제대로 전달되지 않는 언어인 것을 반드시 알아야 한다.

오히려 영어는 소리의 정확도가 약간 부족해도 그 단어의 정확한 리듬감을 형성한다면 오히려 정확히 알아들을 수 있다. 우리나라 말은 소리를 중심으로 하는 말이고 영어는 리듬을 중심으로 하는 말이라는 것을 항상 명심해야 한다.

'영어는 노래를 부르는 것과 같다.'라는 말은 원어민이 항상 하는 말이다. 노래를 부를 때 가사를 정확히 불렀다고 해서 그 노래를 정확히 불렀다고 할 수는 없을 것이다. 노래에는 가사 이외에도 음정과 박자가 있기 때문이다. 하지만 우리나라 사람들은 가사를 정확히 했는데 왜 그 노래가 아니냐고 반문한다. 음정과 박자는 다 놓치면서 말이다! 이게 우리나라 사람들이 영어 발음을 제대로 못 하는 가장 큰 이유인데 대부분 이것을 이해하지 못한다. 우리나라 사람들이 일반적으로 내는 콩글리시 영어 발음은 가사는 같지만 음정, 박자가 맞지 않는 음치가 부르는 노래와 같다고 볼 수 있다.

영어 발음은 우리나라 말보다 발음하기 쉬운 언어

영어 발음은 우리나라 말보다 발음하기 쉽다. 어려운 것은 우리나라 말에서 영어로 가는 것이지 영어 발음 자체가 어려운 것은 아니다. 나는 영어 발음 교정을 하면서 "영어 발음은 우리나라 말보다 발음하기 쉬운 언어입니다. 다만, 우리나라 말에서 영어로 발음법이 제대로 옮겨 가는 것이 어려울 뿐입니다."라고 항상 말한다.

맞는 말이다. 우리나라 말과 영어를 1대 1로 두고 보면 객관적으로 평가할 때 영어 발음이 훨씬 발음하기 쉬운 구조로 되어 있다. 영어는 알파벳을 옆으로 쓰는 것처럼 발음을 하나씩 옆으로 붙여 나가면 되는 언어다. 즉 발음을 펼쳐 가면서 좀 더 여유 있게 발음하는 언어다. 하지만 우리나라 말은 옆으로도 적지만 아래로 받침이 있는 것처럼 발음을 모아서 한 번에 발음하는 구조로 되어 있다.

두 언어의 차이는 아래의 그림을 보면 잘 알 수 있다.

앞의 그림에서 보면 영어는 옆으로 발음을 일정하게 붙여 가면서 하는 말인데 반해서 우리나라 말은 발음을 모아 붙여서 하는

말이라 영어에 비해서 우리나라 말이 좀 더 발음하기 어려운 구조라고 할 수 있다. 이런 우리나라 말의 성격 때문에 우리는 자연스럽게 음소를 모아서 한번에 발음하는 구조가 되는데 이런 습관이 영어를 발음할 때 'get' 하고 발음하지 못하고 ①처럼 발음하게 되는 것이다. 우리나라 사람들이 이렇게 모아서 발음하는 특성을 가지고 있기 때문에 원어민이 아니라 원어민 영어 학자가 와서 우리나라 사람들에게 영어 발음을 가르쳐 준다고 해도 우리는 자꾸 영어 발음을 모아서 ①과 같은 발음을 하려고 할 뿐 제대로 된 ②로 읽지는 못하게 되는 것이다.

  그러면 우리나라 사람들이 ①이 아니라 ②로 영어를 읽으려면 어떻게 해야 할까? 해결 방법은, 발음하는 타이밍과 호흡의 길이를 일정하게 조절해서 나란히 읽을 수 있는 훈련을 하는 것이다. 우리나라 말은 받침이 있는데 영어는 받침이 없다. 옆으로 나란히 배열되면서 형성되는 언어이기 때문에 받침이 없고 우리나라 말의 받침으로 되어 있는 부분이 옆으로 배열되면서 소리가 연결된다.

이렇게 말이다. 이것만 잘 이해해도 영어 발음은 훨씬 달라지고 빠르게 변화하게 될 것이다.

원어민 상대 여행 가이드 수강생의 실제 경험담

　수강생 중에 원어민을 상대로 국내에서 가이드를 하는 사람이 있었다. 이 수강생은 원래 일본 여행자들을 전담으로 맡아서 했었고 일본어는 우리나라 말과 비슷한 부분이 많아서 별 어려움 없이 잘하고 있었다고 한다. 그런데 어느 순간부터 일본 관광객들이 줄어들자 영어권 관광객들까지 맡게 되었다고 한다.

　가이드라는 직업의 특성상 각 장소마다 설명해야 하는 정보가 있어, 그 내용들을 관광객들에게 명확하게 잘 전달하면 됐고 영어 문장을 구사하는 것에서는 별 문제가 없었다. 그런데 문제는 그 수강생의 발음을 영어권에서 온 관광객들이 거의 잘 알아듣지 못하는 것에 있었다. 설명해야 하는 문장들은 암기를 하면 되겠지만 발음은 어떻게 암기를 해서 되는 것이 아니었다.

　그래도 꿋꿋이 안 되는 발음이라도 열심히 설명을 하면서 해 나갔는데 가이드의 영어 발음을 제대로 알아듣지 못하는 관광객들이 컴플레인을 하기 시작했다. 내가 내 발음이 좋지 않은 것을 아는 상태이고 그걸 약점으로 생각하고 있는데 그것을 '콕!' 찝어서 지적을 받으면 등줄기에 식은땀이 흐를 정도로 긴장하게 되는 법이다.

결국에는 그 수강생은 일을 마치고 집에 들어가서 이불 뒤집어쓰고 엉엉 울었다고 한다. 도저히 해결할 수 있는 방법이 없을 거 같았지만 그 일을 계속해야만 하는 상황이었기 때문이었다. 그래서 해결책을 찾다가 영어 발음 교정하는 것을 알게 되고 찾아와 수업을 통해 'STOP SOUND'를 배우게 된다.

처음에 이 수강생이 왔을 때는 우리나라 말 뿐만 아니라 일본어의 영향 때문에 영어 발음이 심하게 끊어졌다. 거기다가 빨리 읽으니 더 알아듣기 어렵고 발음은 더 산으로 가는 상황이었다. 그래서 발음기호부터 차근차근 시작하면서 각 발음기호가 형성해야 하는 리듬의 길이와 'STOP SOUND'에 대해서 가르쳤다. 그 과정이 끝나고 나서 본격적으로 문장을 읽는 훈련으로 들어갔다. 보통 한국 사람들보다 더 심하게 끊어지는 영어 발음과 정확한 타이밍이 제대로 형성되지 못해서 처음에는 다소 어려움을 겪는 과정이 있었지만 열심히 한 결과가 나타나기 시작했다.

2달이 지나는 시점에서 영어권 관광객들이 그 수강생의 발음을 잘 알아듣고 반응이 좋아지기 시작했다는 얘기를 전해 들었다. 그리고 그 말을 전하는 수강생의 얼굴에는 이전과는 달리 자신에 찬 모습이었다. 영어 발음에 대해 자신감이 생기게 되고 그 결과가 눈으로 보이게 되자 그 수강생은 스스로 더 열심히 영어 발음을 연습해 나가는 듯이 보였다.

그렇게 다시 몇 달이 지나면서 갑자기 늘 지각 한 번 하지 않던 그 수강생이 수업을 자꾸 빠지는 것이다. '무슨 일이 있나?' 하는 생각에 다음 수업에 참석했을 때 물어 보니 그동안 너무 바빠서 수업에 참석할 수 없었다고 하는 것이다. 영어 발음이 교정되고 자신감이 생기고 나서 영어권 관광객들의 반응이 좋아져 영어권으로 더 많은 일을 맡게 되었다고 하는 것이다. 불과 몇 달 사이의 일인 것이다. 결국 그 수강생은 더 많이 바빠져 수업을 중단해야 하는 상황이 되었지만 영어 발음 교정을 통해 더 많은 기회를 얻을 수 있었다.

여전히 영어 발음이 좋지 않아도 영어만 통하면 된다고 생각하는 사람들이 많다. 하지만 영어 발음이 좋지 않으면 대부분 소통하기가 힘들고, 우여곡절 끝에 안 좋은 발음으로 통했다고 해도 그 영어를 자신 있게 보일 수도 없을 뿐더러 경쟁력을 갖기도 힘들다. 나도 예전에 그랬다. 분명 내가 더 많은 영어 표현을 알고 있고, 더 다양한 표현을 아는데 나보다 발음이 좋은 사람에게 느끼는 좌절감 말이다.

영어 발음이 그렇게 중요하지 않다고 방어벽을 치면서 나보다 발음이 좋은 사람을 만날 때마다 반드시 느끼는 엄청난 좌절감은 참 아이러니 한 것이다.

영어 발음 교정 우습게 보지 말아라!

동양계 언어는 대부분 비강이 아니라 성대를 위주로 발성한다. 우리나라 말보다 더 성대를 때려 가면서 발음하는 언어를 들으면 우리가 들어도 너무 과한 것이 아닌가 하는 생각이 들 정도인 언어들도 아시아 언어 쪽에서 어렵지 않게 찾아 볼 수 있다. 그런데 아시아 언어 중에서 유일하게 성대 위주로 발성하지 않고 비강을 같이 이용하는 나라가 있다. 중국이다.

- 중국의 힘이 아니라 중국어의 힘이다

우리나라 사람들은 중국 사람들의 목소리가 크고 시끄럽다고 말하는 경우가 종종 있다. 이건 그 사람들이 크게 말하는 것이 아니라 발성이 우리와 다르기 때문이다. 우리말과 같이 성대 위주로 발성하는 언어는 소리가 크지 않고 가늘며, 소리가 멀리 퍼지지 않는 특성이 있다. 하지만 소리가 비강으로 올라가게 되면 소리가 공명되기 시작하면서 커지고 굵어지며 더 멀리 전달되게 된다.

중국어는 성대와 비강을 같이 사용해 비강의 쓰임이 우리보다 더 많다. 영어를 비롯한 서양 언어는 성악처럼 비강을 위주로 발성하고 동양계 언어는 성대를 위주로 발성을 하는데 반해서 중국어는 서양 언어와 동양 언어의 중간에 위치한 비강과 성대를 다 이용하는 언어로 볼 수 있다.

그래서 중국어는 서양 언어의 특징과 동양 언어의 특징을 다 일정부분 가지고 있기 때문에 영어를 비롯한 서양 언어를 받아들이는 것도 우리보다는 쉽고, 동양 언어를 받아들이는 것도 어렵지 않게 된다. 우리가 영어를 배우는 것보다 50% 이상 이득이 있다고 보면 된다.

중국 사람들이 중국어하는 것을 잘 관찰해 보면 아래턱의 움직임도 영어에서의 턱의 움직임과 유사한 부분이 있고, 영어의 피치 (pitch) 이동과 리듬감은 중국어의 성조와 유사성이 있다. 그리고 영어와 중국어의 문장의 구조도 비슷해서 (우리가 일본어 단어만을 알고 배열해 어렵지 않게 말할 수 있는 것처럼) 중국 사람들도 영어 단어를 많이 알고 있으면 문장을 구성하는 것이 그렇게 어렵지 않아 영어를 받아들이는 것이 우리보다 훨씬 쉽다.

중국어의 성조라는 것이 영어의 인토네이션과 완전히 일치하지 않아서 생기는 중국어 특유의 엑센트가 있기는 하지만 이건 중국 사람들이 원어민을 따라 하려는 노력에 따라서 자연스럽게 해결되는 부분이다. 기본적으로 발성법에서 유사한 부분이 있어서 가능한 것이다.

이에 비해서 우리나라 발음은 영어 발음과 유사점이 하나도 없어서 원어민의 발음을 무작정 듣고 따라 한다고 해도 자연스럽게 해결될 수 없다. 유사점이 50% 이상 된다면 그냥 듣고 따라 해도 상당한 수준까지 가겠지만 영어는 모든 부분에서 너무 다르기 때문에 그냥 들어서는 따라 할 수 없는 성격이 너무 다른 언어인 것이다.

어쨌든 중국 사람들은 이런 언어적인 유사성 때문에 영어를 익히는 것이 우리보다 훨씬 쉬워서 영어권으로 파고들어 가는 것이 쉽다. 중국어는 서양 언어의 특징과 동양 언어의 특징을 고루 가지고 있어 어떤 쪽이라도 어렵지 않게 적응할 수 있는 언어적인 힘이 있다고 볼 수 있다.

요즘 중국에서 성공한 사업가들을 기사나 유튜브 등으로 자주 볼 수 있다. 그런데 특이한 점이 있다. 중국에서 성공한 사업가로 나오는 사람들 대부분이 영어로 자연스럽게 말을 한다. 영어를 모국어 수준으로 말하면서 강연을 할 때도 자신이 하고 싶은 표현을 영어로 대부분 다 소화해 낸다.

그런데 우리나라에서 성공한 사업가들이 영어로 강연을 하거나 영어를 모국어처럼 자연스럽게 사용하는 경우는 그렇게 흔하지 않다. 중국은 영어를 쉽게 받아들이는 언어적인 장점 때문에 영어권 속으로 파고들어 갈 수 있고, 그 속에서 자신들의 영역을 확보해 나갈 수 있다. 하지만 이런 언어적인 장점을 가지고 있지 않은 우리나라 사람들은 외국에 평생 살면서도 영어가 제대로 안 돼 영어권으로 파고들지 못하고 융화되지 못하는 것이 큰 문제로 대두되고 있다. 우리나라 말도 영어와 비슷한 구조의 발성과 조음 구조를 공유하고 있었다면 우리가 영어를 익히는 것은 지금처럼 어렵지 않았을 것이다. 그리고 열심히 듣고 따라만 해도 영어가 되었을 것이다.

나는 시간이 좀 걸려도 우리나라 사람들의 발성과 조음 구조를 약간 고쳐서 영어와 공유하는 부분을 만들고 싶다. 그렇게 되면 우리나라 사람이라도 영어를 듣고 무작정 열심히 따라 하기만 해도 원어민처럼 발음할 수 있기 때문이다. 단, 우리나라 말의 발음 타이밍과 호흡의 길이를 조금 조정하는 것이라 우리나라 말을 하는 투가 약간 영어식으로 바뀌게 된다는 단점이 있다. 이건 TV에 나오는 해외파 연예인들이 우리나라 말을 할 때 약간 어색한 것과 같은 수준 정도인데, 이 정도로 우리나라 말의 타이밍을 조정해 놓으면 우리도 누구나 영어를 훨씬 쉽게 습득할 수 있다. 우리나라 말의 상태도 실제 생활에서는 거의 지장을 못 느끼는 정도다.

우리나라 사람들이 영어를 잘하게 되고 그것이 국가 경쟁력이 되기 위해서는 영어를 비롯해서 다른 나라의 언어를 잘 받아들일 수 있는 발성, 발음의 타이밍과 호흡의 길이를 제대로 형성하는 것이 중요하다. 내가 우리나라 말을 하는 것을 보고는 한국 사람이 한국말 발음도 제대로 못하면서 영어 발음을 가르치느냐고 말하는 사람도 있다. 그렇게 말하는 사람은 모든 언어를 어렵지 않게 받아들일 수 있도록 발음 타이밍과 호흡의 길이를 의도적으로 조절해 놓은 깊은 뜻을 전혀 모르기 때문에 하는 말이다. 그냥 하수일 뿐이다.

무작정 열심히 듣고
따라 했더니 영어가 된다?

　무작정 열심히 듣고 따라 했더니 영어가 된다는 말은 적어도 영어라는 언어와 발성 방식이 유사한 언어를 가진 사람들만 가능하다. 불행히도 우리나라 말은 영어와 모든 게 다르다. 가끔 유튜브 같은 것을 보다 보면 외국어를 10개 이상 할 수 있다는 원어민들을 볼 수 있다. 그리고 자기가 그렇게 외국어를 많이 익힐 수 있게 된 방법에 대해서 소개하곤 하는데 이때 "어떻게 외국어 공부를 하셨나요?" 하며 물으면 대부분 "열심히 듣고 큰 소리로 따라 했습니다."라고 말하면서 외국어를 잘 익히려면 많이 듣고 많이 따라 하는 것이 가장 좋은 방법이라고 추천하기도 한다. 그래서 적지 않은 사람들은 우리가 영어를 잘하기 위해서는 역시 많이 듣고 따라 해야 한다고 생각하게 된다.

　하지만 여기서 우리가 놓치는 부분이 있다. 그 원어민이 습득한 다양한 외국어는 영어와 비슷한 발성과 호흡의 길이, 발음하는 타이밍을 가지고 있는 것을 알 수 있다. 즉 우리나라 말과 같은 영어와 다른 발성과 발음 타이밍을 가진 언어들은 거의 없다는 것이다. 영어와 비슷한 구조가 있는 다른 외국어들은 그냥 듣고 따라 하면 될 수 있겠지만 영어와 다른 호흡의 길이, 발성과 발음 타이밍을 가지고 있는 언어들은(한국어를 포함한 아시아 언어들) 그냥 따라 해서는 거의 제대로 되지 않기 때문에 자기가 습득해야 하는 언어에서 제외했을 것이다.

그래서 그 원어민이 익혔다는 언어를 들어 보면 동양계의 언어는 대부분 들어가지 않는다. 영어를 모국어로 하는 사람들이 잘 흉내 내는 동양계 언어는 그나마 중국어 쪽이다. 이 역시 영어와 비슷한 부분을 가지고 있어서 중국 사람들이 영어를 비교적 쉽게 익히는 것처럼 영어권 사람들도 아시아 언어 중에서 중국어를 좀 더 쉽게 받아들이게 된다.

외국어를 10개 이상 잘 받아들인 사람들조차도 호흡의 길이와 발성과 발음 타이밍이 다른 동양계 언어, 즉 우리나라 말과 일본어 같은 언어를 받아들이는 것은 실패하게 될 것이다. 그건 특성이 완전히 다른 언어이기 때문이다.

영어를 모국어로 하는 사람들이 습득하기 가장 어려워하는 언어는 아시아 쪽의 언어고 그 중에서도 한국어와 일본어라고 입을 모아 말한다. 이 사실은 우리가 영어를 습득하는 것이 그만큼 어려울 것이라는 점을 반증한다. 우리가 영어를 익히는 것이 어려운 것은 괜한 것이 아니다. 두 언어가 가지고 있는 언어적인 특성이 너무 다르기 때문에 필연적으로 생기는 것이다.

그래서 누구 말대로 무조건 듣고 따라 했더니 됐더라는 말은 우리가 영어 발음을 교정할 때는 도움이 안 되는 말이다. 적어도 영어 발음을 하기 위한 물리적인 조건들(한 음절에 할당된 호흡의 길이, 발성, 발음하는 타이밍, 아래턱의 위치, 입 모양, 혀의 위치 등)이 잘 훈련되지 않고서는 말이다. 내가 항상 하는 말이지만 우리나라 사람들이 무조건 듣고 따라 해서 될 수 있는 외국어는 '일본어' 뿐이다. 유일하게 일본어가 우리나라 말과 비슷한 발성, 발음 타이밍, 턱의 위치와 움직임을 가지고 있기 때문이다.

영어 발음을 잘하기 위해서는 아랫니의 위치가 중요하다

아랫니의 위치가 중요!!

우리나라 말과 일본어는 아랫니가 윗니보다 안으로 들어가 있고 그 상태에서 수직으로 턱이 떨어지는 동작을 반복하면서 발음하지만 영어는 윗니와 아랫니가 나란히 유지된 상태에서 턱이 앞과 뒤로 움직이면서 발음이 되는 언어다. 일본어는 우리나라 말과는 달리 받침이 없어서 턱이 우리보다는 덜 떨어지기는 하지만 아래턱의 위치와 턱이 수직으로 움직이는 동작이 우리나라 말과 비슷해 일본어의 발성과 우리나라 말의 발성이 비슷하게 되는 것이다.

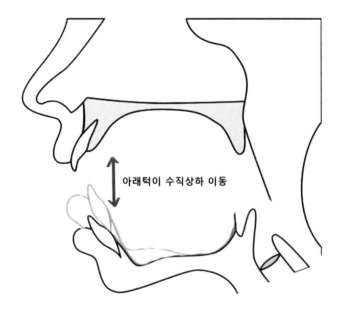

아래턱이 수직상하 이동

    이에 반해서 영어는 아래턱의 기본적인 위치도 다르고 어금니의 간격도 달라 여기서 오는 발성의 차이와 이로 만들어지는 리듬감의 차이가 한국어, 일본어와 다르게 형성된다. 그래서 우리나라 사람이나 일본 사람들이 영어를 잘하기 위해서는 아래턱의 위치를 좀 더 앞으로 내 밀어 윗니와 아랫니 선을 나란히 만든 다음에 그 상태를 유지하면서 영어 발음을 하도록 해야 제대로 된 영어발성과 리듬감을 만들어 내는 것이 비로소 가능해지게 된다.

    아랫니가 윗니보다 안쪽으로 들어가 있게 되면 우선 단어가 잘 끊어지고, 성대를 위주로 사용하는 언어적인 특징을 가지고 되고, 아랫니가 윗니와 나란히 있거나 좀 더 앞으로 나오면 단어와 단어의 연결이 부드러워지면서 비강을 위주로 발성을 하는 방식으로 발성이 바뀌게 된다. 아랫니가 윗니와 나란히 있다가 좀 더 앞으로 약간씩 나오면서 발성이 되는 언어는 리듬이 있는 것이 특징인데 중국어도 이런 특징이 있어 성조가 있고 영어는 인토네이션이 있다.

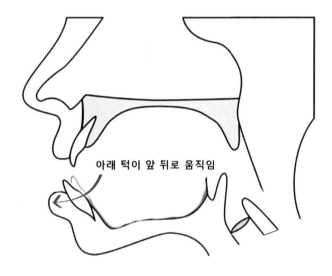

아래 턱이 앞 뒤로 움직임

이미 말한 것처럼 중국어에는 영어에 있는 아래턱의 위치와 움직임이 영어의 그것과 비슷한 점들이 있어서 중국 사람들은 영어를 듣고 그대로 따라 해도 우리보다는 훨씬 영어를 잘 받아들일 수 있는 발성이나 리듬, 조음 조건이 만들어진다.

그래서 우리나라 사람들이 영어의 발성과 리듬감을 잘 받아들이기 위해서는 아래턱의 위치를 영어에 맞도록 약간 앞으로 옮겨 발음을 형성하는 것이 중요하다. 이 부분은 예민한 부분이라 우선 윗니와 아랫니를 나란히 맞추고 영어를 발음하는 것을 연습하는 것이 안전하고 좋다. 아래턱을 너무 과하게 움직이면 턱을 잡고 있는 근육이 무리하게 움직이고 뒷목까지 부담을 받아 두통 같은 부작용이 생길 수도 있기 때문에 우선 윗니와 아랫니를 맞추고 발음하는 것을 기본으로 해서 아주 조금씩 턱의 위치를 미세하게 시간적인 여유를 두면서 조정하는 것이 필요하다.

영어에서 사용하는 비강 발성과 리듬감은 그냥 흉내 낸다고 만들어지는 것이 절대 아니다. 이건 아래턱이 위치와 움직임을 어떻게 하는가에 따라 결정 되는 부분이 많기 때문에 이 부분은 꼭 정확한 연습을 통해서 해결해야 하는 부분이다. 이 아래턱의 위치가 잘 형성되고 호흡의 길이가 영어에 맞게 잘 형성되면 영어 뿐 아니라 중국어를 비롯해서 영어와 비슷한 구조를 가지고 있는 다른 언어를 습득하는 것이 다 가능해지는데 이때는 듣고 열심히 따라 했더니 잘되더라는 말을 여러분 스스로도 할 수 있게 될 것이다.

나보다 발음이 안 좋다고 생각한
아랍 사람의 발음을 원어민이 더 좋다고 한다?

우리는 가끔 인도 사람들이나 아랍 사람들의 영어 발음을 들으면서 그래도 내 콩글리시 발음이 그 사람들의 발음보다는 낫지 않느냐는 말을 하곤 한다. 그 사람들이 하는 영어 발음을 실제로 들어 보면 우리 귀에는 우리보다 훨씬 더 못하다는 생각을 하게 되는데 그건 소리의 정확도만으로 구분했을 경우다.

우리나라 말은 거의 리듬 없이 소리만 정확히 내는 것으로 의사를 전달하는 언어이기 때문에 우리는 다른 언어를 배울 때 리듬은 빼고 소리에만 의존해서 배우려고 한다. 그래서 리듬을 중심으로 이뤄진 영어를 배우기가 더 어려운데, 소리 위주로 들었을 때는 우리나라 콩글리시 발음이 아랍 사람들이 하는 영어 발음보다는 더 나아 보일 수는 있겠지만 원어민의 입장에서는 그렇지가 않다.

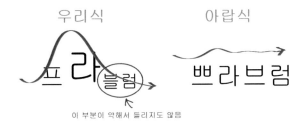

영어를 모국어로 하는 원어민들은 영어 발음을 들을 때 리듬을

중심으로 듣는데 우리나라 사람들은 소리만 충실히 재현하려고 하기 때문에 리듬이 충분히 유지되지 않는다. 그 결과 우리나라 사람들이 하는 영어 발음은 우리나라 말의 특성대로 첫 부분은 강하고 뒷부분은 약하게 발음이 되는데 이걸 원어민들이 들으면 첫 부분만 들리고 뒷부분은 대부분 안 들리게 된다.

그러면 우리나라 사람들이 하는 발음은 발음하다가 뒷부분은 발음을 안 한 것과 같아서 원어민들에게는 정확히 전달되지 않는다. 하지만 아랍 사람들의 영어 발음을 들어 보면 우리나라 사람들보다는 소리 측면에서는 좀 어색하게 들릴 수는 있어도 끝까지 리듬이 잘 유지 되는 것을 알 수 있다.

다시 말하지만 영어를 알아듣는 데는 리듬이 우선이고 그 다음이 소리다. 그래서 우선 리듬을 정확히 유지하면서 발음이 끝까지 완성되면 소리가 좀 다르다고 해도 원어민은 그것을 갖가지 상상력을 동원해서 알아듣는다. 우리도 외국 사람들이 우리나라 말을 할 때 발음이 많이 어색해도 또박또박 표현하기만 하면 대충 추측해서 다 알아듣는 것과 같은 이치다.

즉 원어민의 입장에서는 소리가 어색해도 단어 리듬감의 길이가 좀 더 잘 유지된 사람의 발음이 더 알아듣기 편한 것이다. 우리가 우습게 본 아랍 사람들의 영어 발음이 이런 조건을 만족시켜 주기 때문에 우리나라 사람들이 내는 콩글리시 발음보다 더 알아듣기 편한 것이다. 우리가 결코 우습게 볼 발음이 아니였던 것이다. 아랍 사람들의 언어를 잘 들어 보면 일정한 리듬을 가지고 강약 없이 꾸준하고 일정하게 흐르는 형태의 리듬감을 가지고 있다.

일단 언어에 강약의 리듬감이 없으면 영어를 익히는 것이 쉬워진다. 강약이 있으면 단어의 앞은 들리고 뒷부분은 들리지 않기 때문에 의사전달 시 상당히 안 좋은 결과를 만들어 내게 된다. 단어의 발음을 다 전달하지 못하기 때문이다. 다소 잘못된 발음이라고 해도 발음을 전부 전달하면 원어민은 어떻게든 상황 파악을 해서라도 알아들을 수 있겠지만 발음 자체가 전부 전달되지 않는다면 그것보다 이해하기 어려운 것은 없을 것이다. 그리고 강약의 리듬은 우리가 그토록 힘들어 하는 콩글리시 엑센트를 만들어 내는 주범이다.

우리가 평소에 나는 저 비영어권 원어민보다는 그래도 발음이 좋겠지라고 생각한 것은 우리의 생각일 뿐이라는 것을 잊지 말아야 한다.

안 좋은 영어 발음을 강요하는 잘못된 끊어 읽기 교육!

우리는 초등학생 때부터 학교에서 영어를 배운다. 그리고 영어에서 가장 중요하다는 숙어(idiom)를 배우는데 이 숙어(idiom)를 배

우는 과정에서 영어의 리듬감이 망가지기 시작한다는 것을 대부분이 잘 모른다. 우리가 숙어(idiom)라는 것을 익히면서 "왜?" 영어 리듬감이 망가지기 시작하는지 이제부터 설명해 보도록 하겠다.

우리가 다 알고 있는 'because of ~'라는 숙어가 있다. 우리는 이걸 '~ 때문에, ~ because of' 이렇게 외운다. 그래서 우리는 'because of'가 한 단어처럼 붙어 있는 줄 안다. 우리가 알고 있는 숙어는 대부분 이런 구조로 되어 있다. 'as soon as possible, ~ 가능한 한' 이렇게 외우는데 'as soon as'도 우리는 한 단어처럼 연결해서 읽는 것이 습관화되어 있다.

이것 외에도 수많은 영어 숙어들이 이런 구조로 되어 있다. 그런데 문제는 원어민들은 'because of, as soon as possible'과 같은 표현들을 우리처럼 그냥 붙여서 읽지 않는다는 것이다. 원어민들은 'because / of', 'as soon / as possible' 이렇게 읽는다. 반드시 이렇게 읽는다.

원어민은 영어를 읽을 때 전치사 앞에서 끊어 읽는 것이 일반적이다. 실제 'because of'를 'because / of' 처럼 끊어서 읽어 보면 훨씬 문장 안에서 깔끔하게 인토네이션이 형성되는 것을 볼 수 있는데 신기하게 끊어 읽지 않으면 방금 전에 생겼던 인토네이션이 사라지고 영어 문장을 읽는 것이 훨씬 어려워진다. 문장에서 'as soon as possible'이 나오면 이 부분 때문에 영어 문장을 읽는 것이 어려워지는 경우가 자주 있는데 이것도 'as soon as'를 끊어 읽지 않아서 생기는 현상이다.

이건 'as soon / as possible'라고 끊어 읽으면 금방 이전에 생기지 않았던 새로운 리듬감이 형성되고 읽는 것이 훨씬 편하고 자연스럽게 되는 것을 쉽게 알 수 있다. 이런 것 뿐만 아니라 우리가 무작정 하나처럼 암기하는 숙어 때문에 우리는 이것을 분리해서 읽지 못한 결과 영어 문장을 제대로 읽는 것이 더 어려워진다.

처음서부터 분리해서 'because / of', 'as soon / as possible' 이렇게 배웠으면 우리가 영어 문장을 읽는 것이 그만큼 더 쉬웠을 것이다. 우리가 'because of, as soon as possible'로 한 덩어리처럼 익혀 와서 그것을 원어민이 인식하는 것처럼 제대로 'because / of', 'as soon / as possible'로 분리하는 것만도 적지 않은 시간이 걸리게 된다. 습관은 잘못 들이면 고치는 것이 더 어렵다.

우리가 발음하기 어려운 것 중에 'a lot of ~'가 있는데 이 표현만 나오면 혀가 꼬이고 발음이 뭉개지기가 일쑤다. 이건 'a lot / of~'로 끊어 읽으면 쉽게 해결할 수 있다. 'on the table'과 같은 구조에서는 'on / the table' 처럼 잘라서 읽어야 제대로 읽을 수 있다.

영어를 읽을 때는 두 단어 이상 묶어서 읽는 것은 좋지 않다. '1단어 + 2단어'식으로 잘라서 읽는 것이 좋고 이게 익숙해지면 '2단어 + 3단어', '3단어 + 5단어'식으로 발음의 상태에 따라서 좀 더 확장해 나가면서 읽는 것이 좋다.

1. 처음에 연습할 때의 경우(이 단계는 의미 단위로 읽는 것은 아직 힘든 상태)
I / will / give you / a call / as soon / as possible.

2. 발음이 익숙해졌을 경우(이 단계부터는 의미 단위로 읽는 것이 가능)
I will / give you a call /as soon as possible.

혹자는 영어 문장을 읽을 때는 의미 단위로 끊어 읽는 것이 좋으니 의미 단위로 문장을 끊어서 읽으라고 한다. 맞는 말이다. 그런데 첫 번째 문제는 우리가 첨부터 의미 단위로 끊어서 읽는 것이 어렵다는 것이고, 그 다음 문제는 처음부터 의미 단위로 문장을 끊어 읽으면 2번처럼 읽어야 하는데 그러면 1번처럼 연습하면서 익힐 수 있는 좀 더 세부적인 리듬의 흐름을 형성할 수 없어 인토네이션의 리듬이 훨씬 덜 형성 된다는 것이다. 그렇게 되면 제대로 된 영어 문장의 인토네이션을 형성하는 것이 어렵다. 그래서 처음에는 1번처럼 좀 더 자세히 끊어 읽으면서 리듬감을 더 세밀하게 형성하는 연습을 해야 하고 그게 익숙해지면 의미 단위로 끊어 읽는 것을 하는 것이 좋다.

아무리 좋은 것도 그것을 제대로 받아들일 수 있는 능력이 되지 못하면 아무런 소용이 없다. 좋은 것을 그대로 받아들일 수 있는 능력을 먼저 기르는 것이 우선이다.

원어민이 영어를 읽을 때 끊어서 읽는 일반적인 포인트

1. 주어와 동사는 반드시 끊어 읽는다.
2. to 부정사, 전치사 앞에서 반드시 끊어 읽는다.
3. 접속사, 관계대명사, 관계부사 앞에서 반드시 끊어 읽는다.
4. 'a, an, the' 앞에서 끊어 읽는 것이 좀 더 세밀한 리듬감을 위해서 좋다.
5. 접속사, 관계대명사 다음에 오는 주어는 같이 붙여서 읽는다.
6. 제대로 끊었는데 3단어가 연이어 오면 첫 단어에서 끊고 4단어가 연이어 오게 되면 두 단어씩 끊어주면 된다.

  적어도 이런 부분들을 잘 생각해서 끊어 읽는 것을 영어 문장 읽기에 적용해 준다면 이전에 비해서 훨씬 리드미컬한 자연스러운 영어 문장의 인토네이션을 만들어 낼 수 있다. 우리가 영어 발음 교정이 안 되는 것이 아니라 제대로 교정 하는 방법을 몰랐던 것뿐이다.

따라 하기만 하는 인토네이션은 그만!

  영어의 특정 인토네이션을 앵무새처럼 따라 익히는 것은 의미가 없다. 인토네이션을 가르쳐 주는 원어민도 자기는 항상 그렇게 말

을 하지는 않는다고 늘 말하곤 한다. 우리는 영어를 배울 때 각 문장마다 특정된 인토네이션을 앵무새처럼 따라 한다. 물론 가르치는 사람이 형성하는 문장의 인토네이션을 그대로 따라 하는 것은 잘못된 것이 아니다. 하지만 그 문장을 반드시 그 인토네이션으로만 읽어야 한다는 것은 잘못된 생각이다.

원어민들이 인토네이션을 가르칠 때 항상 하는 말이 있다. 이 문장의 인토네이션은 나라면 이렇게 읽겠지만 나도 다른 사람도 항상 이렇게 읽는 것은 아니라고 말이다. 우리나라 말도 문장은 같아도 읽는 사람에 따라서 읽는 방식이 다르고, 내가 같은 문장을 읽는다고 해도 속도와 감정 상태에 따라서 그 문장을 읽는 방식이 달라지게 된다.

어떤 문장을 읽을 때 '반드시 이런 인토네이션으로 읽어야 한다!'는 것은 옳지 않다. 이렇게 읽는 것이 비교적 괜찮다는 것은 성립될 수 있지만 반드시 이렇게만 읽어야 하는 정답은 없는 것이다. 그럼, 영어 문장의 인토네이션은 어떻게 만들어지는 것일까?

그건 누가 작곡을 하듯이 만들어 놓은 것이 아니다. 영어에 맞는 호흡이 길이와 발음의 타이밍을 가지고 있는 사람이 영어 단어의 리듬감을 제대로 살리면서 문장을 읽으면 영어 문장에서 만들어지는 특유의 리듬감이 형성되는데 그게 우리가 인토네이션이라고 하는 것이다. 이것은 문장에서 어떤 단어가 올라가고 어떤 단어가 내려가는 가에 따라 달라지는데, 사람마다 문장에서 올려 읽고 내려 읽는 단어가 다를 수 있어서 사람마다 같은 문장을 읽어도 읽는 인토네이션의 방식은 달라지게 된다.

만약 같은 단어를 올려 읽고, 내려 읽으면 거의 비슷한 인토네이션이 형성될 수도 있다. 그럼 인토네이션에서 정답이 없다면 어떻게 인토네이션을 형성해야 할까? 그 해답은 단어에 있다. 단어를 제대로 영어에 맞는 호흡의 길이와 타이밍으로 읽으면 그 단어들을 자연스럽게 배열하기 위해 피치를 올리고 내리는 과정에서 다이내믹한 인토네이션을 형성하게 되는 것이다. 그렇지 않고 단어에 존재하는 리듬감을 제대로 살려 내지 못하는 상태에서는 원어민이 만들어 내는 영어 문장의 인토네이션을 듣고 아무리 그대로 따라 한다고 해도 절대 제대로 그렇게 되지 않게 된다.

단어를 제대로 읽기 위해서는 발음기호를 알아야 한다. 발음기호를 중심으로 단어의 음절을 정확히 구분하는 방법을 배워야 하고 음절과 음절을 제대로 연결하기 위해 반드시 'STOP SOUND'를 이용해 훈련하는 것이 필요하다. 이 부분에 대해서는 우리나라 사람들이 원어민 영어 발음으로 교정하는 방법에 대해 전문적으로 파헤치는 '영어 발음의 신(新)' 책을 통해서 집중적으로 파악하고 훈련하는 것을 추천한다.

원어민과 우리의 동상이몽

 우리가 비슷하다고 생각하는 영어 발음은 원어민이 비슷하다고 생각하지 않고 원어민이 비슷하다고 생각하는 발음은 우리가 비슷하다고 생각하지 않는다. 우리나라 사람들에게 영어 발음 중에서 비슷한 발음이 어떤 거냐고 물으면 'r/l, p/f, b/v'가 비슷하다고 말한다. 그런데 원어민들에게 이 발음이 비슷한 거냐고 물어 보면 전혀 그렇지 않다고 말한다. 완전히 100% 다른 발음이라고 말한다. 심지어 어떻게 이 발음들이 비슷하게 들리느냐고 반문하기도 한다.

 우리에게 이런 발음들이 서로 비슷하게 들리는 이유는 우리가 이 발음을 제대로 구분하지 못하기 때문에 생기는 현상이다. 우리가 이 발음의 특성을 정확히 알고 있다면 'r/l, p/f, b/v' 발음이 절대 서로 비슷하다고 생각하지 않을 것이기 때문이다. 원어민들은 우리나라 말을 배울 때 '방, 빵'을 거의 구분하지 못해서 이 두 발음을 거의 같은 발음이라고 생각한다. 더 심한 원어민은 '방, 빵, 팡'을 거의 같은 발음이라고 생각한다. 이 발음이 영어권 사람들에게는 '빵, 빵, 빵'으로 들린다. 우리도 그 원어민이 '방, 빵, 팡'을 구분 못하는 것이 신기할 것이다. 어떻게 '방, 빵, 팡'이 같게 들리지?

 우리가 'r/l, p/f, b/v'을 비슷하게 생각하는 것을 영어를 모국어로 사용하는 원어민들도 이상하게 생각하고 이해 못하는 것은 당연한 것이다. 하지만 영어를 모국어로 사용하는 사람들이 비슷한 발음이라고 생각하는 발음들의 쌍이 있다. 's/z, f/v, t/d' 정도가 원어민들이 비슷하게 생각하는 발음들의 쌍인데, 문제는 우리는 이걸 전혀 비슷하다고 생각하지 않는다는 것이다.

이런 발음은 실제로 보면 명확히 구분이 되는 발음들이기는 하지만 'z, v, d' 발음이 단어 맨 뒤에 오면 유성음의 성격을 많이 잃게 되면서 이 발음들의 무성음인 's, f, t' 처럼 들리는 현상이 생기게 된다. 'Raise' 발음이 [reiz]이지만 실제 들리는 발음은 [reis]에 가까운 것도 이런 현상이다. 이게 음성학적으로 보면 '단어 끝에 오는 유성자음의 무성음화'라고 설명될 수 있다.

유성 자음이 단어 맨 뒤에 오면 무성 자음화되면서 's/z, f/v, t/d'가 실제로 문장에서 발음되고 상당히 비슷하게 발음이 되거나 그 중간 정도로 발음이 되는 경우가 대부분이다. 하지만 우리는 이런 's/z, f/v, t/d' 발음들이 비슷한 부분이 없기 때문에 정확히 구분이 되어서 발음되어야 한다고 생각한다. 그래서 'is'가 [iz]로 되어 있어 이걸 '이즈'라고 반드시 읽어야 한다고 생각한다. 하지만 실제 문장에서 이 단어를 읽을 때 보면 거의 '이쓰'에 더 가깝게 읽힌다. 그리고 이런 식으로 읽어야 원어민도 편하게 문장을 읽어 나갈 수 있다. 만약 원어민이 '이즈'를 고집한다면 원어민이라고 해도 영어를 편하고 자연스럽게 읽어 나갈 수는 없게 된다.

결론적으로 우리가 비슷하다고 생각하는 영어 발음들의 조합은 영어를 모국어로 사용하는 원어민들은 전혀 비슷하다고 생각하지 않고, 정작 원어민들이 비슷하다고 생각하는 영어 발음들이 조합은 우리가 전혀 비슷하지 않다고 생각한다. 동-상-이-몽! 영어를 제대로 하기 위해서는 원어민이 비슷하다고 생각하는 것을 비슷하게 생각하고 원어민이 다르게 생각하는 것을 다르게 생각할 수 있도록 되어야 하지 않을까? 우리나라 말을 제대로 배우기 위해서는 '방, 빵, 팡'을 우리가 생각하는 것처럼 전혀 다르게 인식 하도록 그 특성들을 정확히 익혀야 하는 것처럼 말이다.

아직까지 'r/l, p/f, b/v' 발음이 비슷하다고 가르치는 수많은 강사들이 있다. 원어민이 우리나라 말 '방, 빵, 팡'이 거의 비슷한 발음이라고 가르치고 있는 것을 우리가 보고 있다면 우리는 어떤 생각을 할까? 이게 우리나라 영어 발음 교정의 현실인 것이다!

이것만 연습해도 원어민 영어 발음이 가능!

'롹윽캡잎튑드, 락익큹트'를 제대로 잘 읽기만 해도 영어 발음은 훨씬 쉽고 자연스러워진다. (저자의 유튜브 강의를 참고해서 연습하면 좋음) 영어 문장을 많이 읽는 것이 영어 발음이 좋아 지는 방법이 아니다. 호흡의 길이가 우리나라 말에서 사용되는 것처럼 여전이 길고 발음 타이밍이 우리나라 말에 맞는 상태에서 영어보다 약간 처지게 읽으면 아무리 많은 문장을 읽어도, 열심히 반복해서 읽은 문장만 겨우 그럴싸하게 읽을 수 있을 뿐 새로운 문장을 읽으면 다시 버벅거려, 제대로 읽을 수 없다.

그리고 엄청나게 반복해서 좀 익숙하게 읽을 수 있게 되었던 영어 문장도 시간이 지나면서 다시 어색해져 이전처럼 익숙하게 읽을 수 없게 된다. 영어 문장을 많이 읽어서 영어 발음이 교정된다면, 이미 우리나라 사람들 중 아주 많은 사람들의 영어 발음은 수준급 이상이 되었어야 한다. 귀가 멀도록 들어 왔고 목이 쉬도록 따라 해왔으니 말이다.

하지만 그렇게 열심히 했고, 어학연수나 유학을 다녀왔는데도 불구하고 영어를 쓰고 읽는 것만 좋아지고 발음은 어딜가나 여전히 그대로인 것은 이미 우리의 현실이 되었다. 그러면 우리가 영어 발음이 좋아지기 위해서 어떻게 해야 하는가? 그건 영어에 맞는 호흡의 길이, 즉 우리나라 말보다 더 짧고 강한 호흡의 길이를 형성해야 하고, 그것을 통해 영어에 맞는 발음타이밍을 형성해야 한다. 그렇게 하기 위해서는 'STOP SOUND'를 영어 발음에 넣는 연습을 해야 하는데 이게 방법은 간단하지만 제대로 하거나 익숙해지는 것이 다소 어렵다. 우리나라 말의 습관에서 영어의 말하는 습관으로 바뀌는 것이 그렇게 호락호락하지는 않기 때문이다.

하지만 꾸준히 연습하면 누구나 할 수 있는 것이니 내가 유튜브 채널에 올려놓는 음성 강의를('김명기 영어 발음'으로 검색) 들으면서 그대로 잘 따라 하면 어떤 영어 단어, 영어 문장도 제대로 읽을 수 있는 영어에 맞는 호흡의 길이와 발음 타이밍을 형성할 수 있게 될 것이다.

'located'와 'liked' 이 두 단어를 이용해서 호흡과 타이밍을 맞추는 훈련을 하게 되는데 이 두 단어를 제대로 발음하기 위해서 'STOP SOUND'를 이용해 음절 분리를 하면 아래와 같다.

위의 음절 분리대로 읽으면 '록욱캑잍틷드', '락익큭트' 이렇게 되는데 'located'는 총 6개의 미세 음절로 분리되어야 우리나라 사람들이 원어민처럼 영어 발음을 읽을 수 있게 되고, 'liked'는 총 4개의 미세 음절로 분리되어야 제대로 된 리듬감으로 단어를 읽을 수 있다.

방법은 '록욱캑잍틷드', '락익큭트'이 두 가지를 가급적 일정한 호흡을 유지하면서 발음이 전혀 깨지거나 뭉개지지 않도록 읽는 것인데, 실제 수강생들이 따라 하는 것을 보면 '록국캑긷티드' '락긱크트'식으로 발음이 많이 잘못되는데 이러면 아무리 반복해도 효과가 없거나 떨어지게 된다. 특히 빨간색 글씨로 된 부분들을 많이 틀리는데 절대 저렇게 발음이 풀어지거나 뒤로 밀리면 안 되고 정확히 '록.욱.캠.잎.틸.드', '락.읰.클.트'로 분리해서 읽어야 한다.

'록욱캠잎틸드', '락읰클트'를 보면 각각의 음절마다 받침이 있는데 이 받침들이 바로 'STOP SOUND'에 해당되는 부분들이다. 이 'STOP SOUND'에 해당되는 받침들이 정확히 발음되고 잘 유지되려면 호흡이 영어에 맞게 짧게 형성되어야 가능하다. 그래서 'STOP SOUND'를 이용한 이 음절분리 연습에 익숙해지면 호흡이 영어에 맞도록 짧아지고 단단해진다. 더불어, 자연스럽게 영어에 맞는 발음타이밍이 형성된다.

우리나라 말에 없는 특성이라 금방 쉽게 따라 할 수 있는 것은 아니지만 유튜브 강의를 들으면서 그대로 연습하면 반드시 효과를 볼 수 있다. 이 두 단어만 반복해서 꾸준히 연습해도 생각한 것보다 훨씬 더 획기적인 영어 발음의 변화를 경험하게 될 것이다. 모든 영어 단어들은 한 음절에 할당되는 호흡의 길이와 발음 타이밍이 같기 때문에 어떤 한 단어에서 정확히 그 호흡의 길이와 발음 타이밍을 잡았다면 그리고 그것에 익숙했다면 다른 단어에서도 동일한 호흡의 길이와 발음타이밍을 형성하는 것이 어렵지 않다. 즉, 어떤 단어와 문장이라도 원어민처럼 제대로 읽을 수 있는 완벽한 발음의 기본이 형성된다. 괜히 'STOP SOUND'가 특허를 받은 것이 아니다!

04

우리는 단어에
목숨을 건다

우리는 지금까지 단어만을 정말 소중히 생각해 왔다. 영어는 단어만 많이 알면 작문·회화·문법 이 모든 것이 다 해결된다고도 했고, 그렇게 믿어 왔던 사람들도 너무 많았다. 나도 한때는 단어에 목숨을 건 적이 있다. 22,000에서 33,000을 넘어 55,000까지 섭렵했다. 그런데 지금은 다 잊어버렸다. 이런 어휘 책에 나온 고급어휘(?)들은 별로 사용할 데도 없고, 자주 사용하지 않으니까 잊혀진 것이다. 가끔 〈TIME〉 같은 잡지의 어려운 말을 사전을 찾지 않고 보는 즐거움 말고는 거의 아무런 소용이 없다. 지금 생각하면 죽도록 단어만 팠던 게 너무나 후회된다. 좀 더 생각 있는 공부를 했으면 난 지금보다 훨씬 엄청난 영어 실력의 소유자가 되어 있을지도 모른다.

많은 사람들이 말하듯이 일상 영어회화를 하는 데는 몇 백 단어면 충분하다. 그 말은 맞다. 그렇다고 회화가 쉬운 것은 아니다.

일상 회화에 쓰이는 단어가 아주 많은 것도 어려운 것도 아니지만, 그 단어들이 두 개, 세 개 모여서 새로운 어구(phrase)를 만든다는 데 문제가 있다. 이런 말들이 정말로 셀 수 없이 많이 파생되기 때문에 거의 다 아는(?) 단어들로 이루어진 문장인데도 잘 이해가 안 되고 회화가 쉽게 되지 않는다.

단어만 따로 외우는 미친 짓은 이제 그만하자!

단어를 많이 알면 풍부해지는 것은 있다. 엄청나게 유창해지는 콩글리시 실력이다. 단어는 머릿속에서 넘쳐나는데 그것을 조화롭게 조합할 수 있는 능력이 없어서 그냥 단어만을 대충 나열하는 그러한 형태의 콩글리시 말이다. 사실 단어만 적당히 나열해도 원어민은 알아듣는다. 원어민이 떠듬떠듬 우리말을 해도 우리가 상황을 연계해 어느 정도 알아듣는 것과 마찬가지다. 심지어 한 단어만 들어도 문장 전체를 이해하는 경우도 있다. 영어회화를 하다 보면 이런 기적들이 상당히 많이 일어나는데 그건 주어지는 상황이라는 것이 있기 때문에 가능한 것이다.

우리가 영어를 하는 목적은 외국에 나가서 음식을 시키지 못해 굶어 죽지 않으려고 하는 것이 아니다. 영어를 모국어로 사용하는 사람들 또는 우리처럼 영어를 제2의 언어 수단으로 사용하는 다른 나라 사람들과 대등한 의사소통을 하는 것이 목적인 것이다. 그렇다면 단어 나열식 영어로는 별 도움이 되지 않을 뿐만 아니라 오히려 불신만 주지 않을까? 만약 바이어와 만나서 말을 하는데 원어민과 대등하게 유창하고 세련된 영어를 구사하는 사람과, 어설프게 말도 안 되는 단어 배열만을 하면서 의사소통을 거우 해나가는 사람이 있다면 누구에게 더 신뢰가 가고 중요한 계약을 하고 싶겠는가? 말 한마디로 천 냥 빚을 갚는다는 말이 있다. 그런 점에서 이 문제는 그냥 간과할 일이 아니다.

영어를 잘하는 것은 단어를 많이 알고 있어야 하는 것이 아니라 알고 있는 단어를 얼마나 조화롭게 연결해서 다양하게 사용할 수 있는 가이다. 말을 정말로 잘하는 사람은 어려운 내용을 어려운 단어를 사용해서 어려운 문장으로 표현하는 사람이 아니라 어려운 내용을 쉬운 단어를 사용해서 쉬운 문장의 형태로 표현하는 사람이다. 우리는 대부분 쉬운 표현을 말도 안 되는 어려운 어휘와 문장으로 표현하기 때문에 원어민들이 알아듣고 이해하기 어려운 것이다.

사전, 무작정 믿지 마라

'Funny bone'이 '웃긴 뼈'?

얼마 전에 내가 TV를 보고 있던 중에 한 TV 프로그램에서 톡 치면 전기가 오는 듯이 짜릿한 팔꿈치에 있는 뼈를 'Funny bone' 이라고 했다. 이게 왜 이런 이름을 가지게 되었는지에 대해서 어떤 영어 강사에게 문의한 적이 있다. 그때 그 강사는 이렇게 말했다.

> "우리가 너무나 큰 고통을 느끼게 되면 오히려 역으로 웃음이 나는 경우가 있습니다. 팔꿈치의 그 부분을 톡 하고 치면 전기가 찌릿하게 올라오면서 고통이 심해지고 그래서 허탈 웃음이 나서 그렇게 붙인 거 같습니다."

나는 이 말을 들으면서 '어?' 하는 생각이 들었다. 영어를 가르치는 강사가 저렇게 말하는 것이 정상적인 것인가 하는 생각이 문득 든 것이다. 물론 'funny'의 사전적인 첫 의미는 '재미있는, 웃긴, 익살맞은'이다. 그래서 'funny'의 의미를 가장 빈도가 높은 의미에 맞추려고 했는지도 모르겠다.

하지만 'Funny bone'에서 'funny'는 'strange'의 의미가 있다. 즉 '웃긴 뼈'가 아니라 '이상한 뼈'라는 의미가 된다. 이상한 반응을 일으키니 그렇게 표현하는 것이다. "It tastes funny."라고 하면 이상한 맛이 난다는 의미가 되는 것이지 즐거운 맛이 나는 것이 아니라는 것이다.

우리가 영어 단어를 잘 활용하지 못하는 이유 중에 하나가 바로 이런 어설픈 중심 의미 형성에 있다. 어떤 단어는 무조건 어떤 의미로 고착화되는 그런 식의 영어 교육이 이런 실수를 만들어 내는 것이다.

우리가 하는 말에도 이와 같은 현상이 있다.

예) "저 사람 정말로 재미있는 사람이야!"

1. 저 사람 정말로 유머스럽고 하는 말이 재미있는 사람이야.
2. 저 사람 정말로 이상한 행동과 말을 하는 사람이야.

이렇게 볼 수 있다. 이 두 문장의 차이는 이 말을 하는 사람들의 표정과 말투를 보면 어렵지 않게 구분 할 수 있다.

사전에 나와 있는 빈도순이라는 것은 그 단어를 사용하는 전체적인 활용빈도로 봤을 때는 맞을지 모른다. 하지만 내가 접하는 그 단어의 의미가 항상 1위에 있는 의미를 가지라는 법은 없는 것이 문제다. 그 단어가 어떤 문장에서 어떤 상황에서 사용이 되었는가에 따라서 다른 의미를 가지게 되고, 빈도순이 낮은 의미도 자주 갖게 되는 것이다.

사전에서는 'funny'의 3번째 의미가 'funny bone'에서의 의미를 가지고 있다. 빈도순 1위의 의미가 가장 중요한 것이 아니라 이 'funny'라는 단어가 어떤 문장에서 어떤 단어와 어떤 상황에서 사용이 되는가가 가장 중요한 것이다.

　항상 말하는 것이지만 단어는 문장에서 나와 홀로 있으면 아무런 의미가 없다. 마치 큰 퍼즐에서 떨어져 나온 하나의 작은 조각처럼 말이다. 하지만 그 퍼즐의 조각이 다시 퍼즐에 들어가면 다른 조각들과 함께 하나의 그림을 형성하게 되는 것처럼 영어 단어도 문장 속에서 비로소 단어의 성격과 의미를 갖는다는 것을 항상 명심해 두어야 한다.

　'hot'에 얽힌 해프닝도 있다. 미국에 유학간 지 얼마 되지 않은 한 유학생이 자신의 여자 친구가 열이 나서 약국에 갔다. 그 유학생과 약사의 대화를 들어보자.

약 사: What can I help you?
유학생: My girl friend is hot!
약 사: What?
유학생: (He speaks more loudly and slowly.) My, girl, friend, is, hot!
약 사: What the heck are you talking about? Get out of here!

이 대화에서 뭐가 문제일까? 언뜻 보기에는 별 문제가 없어 보인다. 해석을 보자.

약 사: 무엇을 도와드릴까요?
유학생: 내 여자 친구는 화끈하게 끝내줘요!
약 사: 뭐라고요?
유학생: (더 큰 목소리로 천천히 말한다.) 내, 여자, 친구는, 화끈하게,
　　　　섹시하다고요!
약 사: 너 도대체 무슨 소리를 하는 거야? 나가!

　유학생은 순수하게 여자 친구가 열이 나서 약을 사러 온 것이다. 하지만 약사는 자기 여자 친구가 섹시하다는 자랑을 하러 온 웬 미친놈이라고 생각한 것이다. 이 유학생은 'hot'이라는 단어의 사전적인 뜻만 알고는 그것이 문장 안에서 'girlfriend'와 같이 쓰이면 의미가 어떻게 변할 수 있는지 몰랐던 것이다.

　'It's hot. I'm hot.' 여기에서 'hot'은 덥거나 몸이 뜨거운 것을 의미한다. 하지만 'She is hot.' 하면 그녀는 관능적이고 섹시하다는 의미가 되는 경우가 더 많다. 만약 'My girl friend is hot.'을 'My girl friend has a fever.'라고 했다면 약을 정상적으로 살 수 있었을 것이다.

　이처럼 단어는 문장 안에 들어가기 전에는 전혀 그 의미를 예측하기가 힘들다. 단어는 문장 안에 들어가서야 그 문장과 조화된 하나의 의미를 갖는다. 문장 밖으로 튀어나온 단어는 그냥 아무

런 의미도 없는 하나의 퍼즐 조각일 뿐이다. 단어의 의미는 문장에 따라 그리고 말을 하는 사람에 따라 그 의미가 변하기도 한다.

어떤 사람이 주먹을 불끈 쥔 채 험악하게 인상을 쓰면서 "Yes, you are so smart."라고 말했다고 하자. 만약 내가 이 말을 듣고 사전적 의미로 해석한다면 '저놈은 화를 내면서도 내 칭찬할 것은 다 하네.'라고 생각할 것이다. 그러나 이 상황에서 이 말은 바로 "너 잘났다, 잘났어."라는 뜻으로 받아들여야 한다. 이런 표현법을 영어로는 'Sarcasm'이라고 하는데, 풍자를 하거나 비꼴 때 쓰는 방법이다. 이런 반어법적인 표현이 영어에는 상당히 많다. 왜 우리말에도 "저 여자, 정말로 죽인다."라는 표현이 있잖은가. 이 말을 정말로 '죽인다, 살인한다'라는 의미로 받아들이는 한국 사람은 아마 한 사람도 없을 것이다.

단어는 반드시 문장 안에서 습득되어야 한다

음악에는 서로 잘 어울리는 화음과 어울리지 않는 불협화음이 있다. 불협화음은 우리의 귀에 익숙하지 않은 왠지 불안한 음들의 조합이다. 문장 안에서도 이와 마찬가지로 단어들 간의 조화로운 화음과 불협화음이 존재한다. 즉 한 단어에는 그 단어와 잘 어울리는 다른 단어들이 있다. 예를 들면 주어 'I' 다음에 자주 오는 것은 'am, was, have, had' 등이다. 만약 'I' 다음에 'has'가 온다면 바로 불협화음이 형성되어 이상하게 느껴지는 것이다.

단어를 독단적으로 하나만 아는 것은 아무런 의미가 없다. 그 단어가 문장 안에서 어떤 단어들과 조화로운 화음을 형성하는지를 알아야 비로소 쓸모 있게 된다. 그래서 문장의 분위기만 읽어도 단어의 의미가 문장의 상황을 통해 바로 나올 수 있도록 해야 말을 하고 듣는 가운데 혼동이 생기지 않게 된다. 토플이나 토익 시험에서는 한 단어가 문장 안에서 어떤 의미로 쓰였는지를 물어보는 문제들이 자주 나온다. 만약 단순하게 단어의 뜻만 외웠다면 어떤 의미로 사용이 될지에 대해 많이 고민할 수 있다. 하지만 단어가 들어간 문장 위주로 단어를 학습할 경우는 이런 것은 문제로도 느껴지지 않을 것이다. 단어의 의미는 문장을 통해서 결정되기 때문이다.

음악을 많이 듣다 보면 어떤 화음 다음에는 어떤 화음 진행이 자연스럽다는 것을 습관에 의해 알게 되고, 다음에 올 화음 진행을 미리 예견할 수 있는 경우가 종종 있다. 그래서 모르는 음악도 우리는 대충 따라 부를 수 있는 것이다. 교회에서 부르는 찬송가가 대부분 사람들이 미리 예견할 수 있는 화음의 진행으로 만들어진 경우가 많다. 그래야 처음 부르는 사람들도 어렵지 않게 따라 부를 수 있기 때문이다. 문장에서도 마찬가지다. 앞의 문장을 읽어 나가면 뒤에 나오는 단어와 그 의미를 어느 정도 유추할 수 있는 경우가 많다. 대화를 하더라도 그렇다. 말의 흐름을 잡고 있으면 상대방이 말하는 것을 미리 추측해서 생각하면서 들을 수도 있다. 그렇게 되면 듣는 것에서도 상당한 여유가 생기고 말하는 것에도 여유가 생긴다. 이렇게 문장에서 느껴지는 단어들 간의 조화를 느끼는 것이 영어를 하는 데 가장 중요하다. 어휘력은 그 다음에 신경 써야 할 문제다.

회화를 잘하면
어휘력이 급격히 감소할 수도 있다!

회화가 어느 정도 늘어나 자기 의사 표현이 많아져 생기는 문제가 있다. 바로 어휘력이 급격히 감소하는 증세다. 보통 영어회화를 위한 문장들은 구어체로 되어 있기 때문에 그다지 많은 어휘가 필요치 않다. 설령 화려한 어휘력을 갖고 있다 하더라도 그 어휘력을 발휘할 기회도 많지 않다. 그러다 보면 "Out of sight, out of mind"라는 말처럼 사용하지 않는 단어들이 자꾸 잊혀지게 된다. 이때 스펠링에 대한 개념도 같이 없어지는 경우도 생기곤 한다. 발음은 정확히 알고 있는데 영어 스펠링이 생각이 안 나는 경우가 이전보다 더 많아지게 된다. 발음으로는 표현을 하지만 스펠링은 자주 사용하지 않으면 이것도 역시 잊혀지기 때문이다.

우리나라 말은 발음만 정확히 알고 있으면 철자는 당연히 정확히 따라 온다. 이게 우리나라 말의 우수성이다. 하지만 영어는 발음과 스펠링이 항상 일치하는 것도 아니고 하나의 발음이 여러 가지의 알파벳 조합으로 표현이 가능하기 때문에 스펠링을 따로 알아 두지 않으면 틀리기 쉽다. 실제 원어민들 중에서도 쉬운 단어의 스펠링을 틀리는 경우가 꽤 많다. 상황이 이쯤 되면 화들짝 놀라면서 다시 단어 공부를 해야 하는 거 아니냐고 하는 사람들이 많다.

하지만 걱정할 필요가 없다. 이런 현상은 당연히 있어야 하고, 이런 현상이야말로 제대로 영어를 공부하고 있다는 증거이기 때문이다. 걱정을 접고 열심히 회화 공부를 계속하다 보면 문장력이 늘어나면서 그에 따른 어휘력 확장이 필요하게 되는데, 문장 안에서 어휘력이 자연스럽게 늘게 된다. 영어로 된 소설책이나 다른 여러 가지 영어로 된 책을 쉽게 접할 수 있게 되므로 한 번씩 읽어 가는 단어라고 해도 그대로 머릿속에 잡힌다. 이 단계가 되면 많은 책을 읽어 가면서 실제 문장들 속에서 살아 꿈틀거리는 단어를 골라서 습득할 수 있게 된다. 게다가 영어 자체에서 느껴지는 이미지로 단어를 습득하게 되므로 단어의 정확한 구사도 가능해지게 된다.

어휘는 어휘만 해서는 안 되고 반드시 문장력 확장을 통해서 필요한 만큼의 어휘를 확장해야 한다는 것을 명심해야 한다.

05

반드시 문장을 통해
단어와 어휘를 익히자

단어가 아닌
문장을 공부해야 하는 이유

한 번만 더 강조하자. 단어는 특별한 경우를 제외하곤 단어 홀로 쓰이는 법이 절대 없다. 단어는 문장 안에서 대부분 자기 지정석이 있고, 그 자리를 차지하고 앉을 때 비로소 뜻을 갖는다. '아니, 그게 뭔 소리? 단어에 왜 뜻이 없지? 뜻이 얼마나 많은지 지금 당장 사전을 펼쳐보라고?' 맞다. 뜻이 참 많다. 단어 혼자 뚝 떨어져 있을 때는 뜻이 참 많다. 그건 이런 문장에 쓰이면 이런 뜻이고, 저런 문장에 쓰이면 저런 뜻이 될 거라는 여러 가지 가능성을 의미한다. 그 여러 가지 가능성이 문장 속으로 들어가면 중의적인 (이중적인) 표현인 경우를 제외하면 한 가지 가능성만을 보여주게 되는 것이다. 요약하면 단어 혼자서는 여러 가지 뜻을 갖고 있지만 문장 안에서는 한 가지 뜻만을 갖게 되기 때문에 영어를 공부할 때는 반드시 단어가 아닌 문장을 통해서 그 문장 속의 단어와 어구를 익히는 것이 가장 효과적이고 좋다.

우리에게 필요한 것은 문장 사전이다

이제 여러분은 영어를 제대로 습득하려면 단어가 아닌 문장에 몰두해야 한다는 것을 충분히 이해했으리라 생각한다. 이제는 영어 공부를 위해서 문장을 구사해야 하는데, 내가 원하는 문장을 가지고 있는 책을 찾기는 쉽지 않다. 차선책으로 찾은 것이 보통 문장을 상황에 따라 분류한 회화 책들이다. 책을 펼쳐놓고 그 상황에 나오는 모든 표현을 다 익혀 보지만 실제 상황에서 쓸 수 있는 말은 몇 문장 안 된다. 그리고 어떤 특정한 장소에서의 말, 즉 비행기 안에서 사용하는 말은 내가 평생 비행기를 타지 않는다면 거의 사용하지 않을 말들이다. 정작 내가 알고 싶은 말을 찾으려 해 봐도 쉽지 않다. 책에서 보여 주는 문장만을 봐야 하고 내가 원하는 문장이 아닌 경우가 많기 때문에 이런 면에서는 상황별 회화책은 다소 비효과적이라고 볼 수 있다.

이것보다 좀 더 나은 책이 바로 패턴 형식으로 제시하는 회화

책이다. 'Do you~'나 'I'd like to~'로 시작하는 문장들을 모아서 보여 주는 식이다. 이런 방식은 한 문장의 패턴 형태에서 동사구 부분을 변화시키면서 여러 상황을 만들 수 있으므로 더 능동적으로 여러 상황에 적용할 수 있는 방법이기는 하다. 하지만 여전히 책에 있는 것만 공부하라는 수동적인 단점이 있다. 책 한 권에 담아 봐야 얼마나 다양하게 담을 수 있을까? 그리고 많은 문장이 들어가 있을수록 더 가지고 다니기 힘들고, 일일이 그 두꺼운 책에서 원하는 표현을 뒤적이면서 찾는 것이 영어를 배우는 것만큼이나 어렵다.

그래서 고민 끝에 영어 학습자가 원하는 영어 문장 표현을 편하고 효과적으로 찾아보면서 원하는 영어 문장력을 무한히 습득할 수 있도록 하는 영어 문장표현 사전인 '센딕(SENDIC) 어플'(문장 데이터베이스를 기반으로 한 문장 검색용 스마트폰 어플. 현재 안드로이드, 아이폰 모두 사용 가능)을 만들어 무료로 배포했다. 대한민국 영어 업그레이드 프로젝트라는 모토를 가지고!

SENDIC(sentence dictionary) - 전자 문장 사전 '센딕'

지금까지는 단어가 문장 안에서 어떻게 사용되는지 알아보려고 해도 적절한 예문을 찾을 수 없었던 경우가 대부분이었다. 문장 사전의 형태를 띠고 있는 회화 책이나, 웹상의 검색 프로그램이 존 재하지만, 그 양이 극히 제한적이고, 검색 방식이 세분화 되어 있 지 않아 하나를 검색해도 수백 개에서 수천 개의 연관된 문장이 같이 검색 되는 바람에 검색의 질도 많이 떨어지는 편이었다. 그 많은 문장들 중에서 내가 원하는 문장을 찾는 것도 일이기 때문 이다. 그러나 'SENDIC'을 이용하면 스스로 알고 싶고 원하는 영 어 문장 표현을 다양한 검색 방식으로 직접 검색하고, 검색된 예 문들을 통해서 자신이 원하는 문장의 형태를 찾거나 응용해서 연 습할 수 있다.

SENDIC(sentence dictionary, 센딕)

9만여 개의 회화 문장을 기본 검색 데이 터로 한 영어 문장 표현 사전이다. 스마 트폰에 설치하면 오프라인에서도 전 기 능을 다 이용할 수 있고, 현존하는 그 어 떤 회화 사전보다도 더 뛰어난 문장 검 색 방식으로 원하는 문장만을 검색해서

볼 수 있고, 게임 기능을 통해서 따로 저장해 놓은 문장을 가지고 문장력을 기르는 반복 훈련을 할 수 있다.

센딕을 이용해서 학습하고 싶은 단어가 실제로 문장에서 어떤 단어와 같이 사용되고 어떤 유형으로 문장에서 사용되는지 찾아보는 것도 가능하다. 센딕이 있으면 나만의 영어회화책을 만들 수도 있다. 만약 패턴식의 영어회화책을 만들고 싶다면 자신이 원하는 문장의 유형을 검색해서 어플 내 마이 노트에 한데 모아 놓으면 시중에서 볼 수 있는 회화 책보다 더 다양한 데이터를 가지고 있는 회화 사전이 될 것이다.

센딕 어플의 자세한 사용법에 대해서는 저자의 사이트인 'SENDIC.NET'을 참고할 수 있다.

06

영어를 잘하고 싶다면?
해석은 잊어버려!

우리가 영어를 모국어처럼 자연스럽게 받아들이지 못하는 이유를 한마디로 말한다면 그건 바로 영어를 해석하기 때문이다. 우리는 우리말 즉 한국어를 절대로 해석하지 않는다. 그래서 우리는 한국어를 '모국어'라고 부른다. 만약 우리가 한국어를 일일이 해석하면서 말을 해야 한다면 과연 한국어를 모국어라고 할 수 있을까?

안타깝게도 우리가 영어를 배우면서 가장 먼저 시작하는 것이 해석이다. 현재의 교육 방법에서는 해석이 없으면 학습이 불가능하기 때문이다. 그래서 초등학생 때부터 '영어 공부'는 우선 단어를 외우고 해석을 하는 것부터 시작하게 된다. 이것이 바로 우리가 영어로부터 멀어지는 결정적인 요인 중에 하나가 된다. 만약 한글로 된 문장을 읽다가 이해가 잘 안 되는 부분이 나오면 그때 우리는 어떻게 하는가? 그 문장을 여러 번 반복해서 읽으면서 의미를 알려고 노력하지 절대로 해석하려고 하지는 않는다. 어떤 언어를 모국어로 받아들이게 되면 해석을 따로 할 필요가 없게 된다. 하지만 외국어로 받아들이게 되면 반드시 해석하게 되고 그 과정을 통해서 그 언어는 외국어로써 어설프게만 구사할 수밖에 없는 것이다.

어떤 영어 학습법이라도 영어를 외국어로 접근한다면 반드시 그 학습법은 해석과 문법을 이용하게 되고 그 과정을 통해서 오류가 만들어지게 된다.

'Apple'은 '사과'가 아니다

우리가 한글을 배울 때를 생각해 보자. '사과'라는 단어를 배울 때 우리는 그 이미지를 같이 배운다. 즉 사과는 둥글고 빨갛고 맛이 시고, 사과 중의 사과는 부사고, 껍질을 벗겨 두면 색이 변하는 식의 사과의 여러 가지 이미지를 개인의 특성에 맞게 받아들인다. 그럼 우리가 영어를 배울 때도 그럴까? No! 아니다. 'Apple'이라는 단어를 보면 우리는 이미지 대신 '사과'라는 한국어를 먼저 떠올린다. 그런 다음 그 한국어 '사과'에서 이미지와 느낌을 빌려온다.

바로 여기에 문제가 있다. 우리는 우리말 사과에 대해서는 즉각적인 이미지를 갖지만 'Apple'에 대해서는 즉각적인 이미지가 없고

'사과'라는 우리말 단계를 통해서 의미를 받아들이게 된다. 요컨대 '사과' 하면 곧바로 머릿속에 떠오르는 이미지가 'Apple' 할 때는 바로 떠오르지 않는다는 것이다. 'Apple'할 때 이미지를 바로 떠오르게 하려면 우리가 우리말을 배울 때 사과와 그 이미지를 같이 학습했듯이 영어를 공부할 때도 해석 없이 'Apple'과 그 이미지를 같이 학습해야 한다. 그렇게 해야만 나중에 'Apple'을 생각했을 때 그 이미지가 한글의 간섭 없이 바로 떠오를 수 있는 것이다. 이런 식으로 언어를 학습하면 외국어도 독자적으로 바로 연결되는 이미지가 생기므로 외국어를 모국어화 해서 받아들일 수 있다.

지금까지 우리가 갖고 있던 언어에 대한 이미지는 대부분 우리 한국어를 위해서만 존재했던 것들이고, 영어는 단지 한국어를 다리로 해서, 즉 한국어를 매개로 해서 한국어에서 연상되는 이미지를 빌려서 이용했던 것이다. 그 결과는? 알다시피 보다시피 넘쳐나는 콩글리시다. 예를 들면 "How does your family become?(당신 가족은 어떻게 되세요?)"처럼 말이다. 이 문장은 우리말을 영어로 그대로 옮긴 아주 훌륭한 콩글리시 문장이다. 우리가 봐서는 이 영어 문장이 아무런 이상이 없어 보이겠지만 원어민은 전혀 이해를 하지 못한다. "How many members do you have in your family?"라고 해야 정확한 문장이다. 이런 현상은 해석을 통해서 만들어지고 이래서는 영어를 결코 모국어처럼 자연스럽게 사용할 수 없다.

해석 없이 영어를 이해하려면?

　다시 말하지만 외국어를 배우는 데 가장 큰 벽이 되는 것이 바로 모국어 해석을 통해 만들어지는 모국어의 '간섭작용'이다. 우리가 모국어를 이용해 영어를 해석해 받아들이면 우리는 영어를 외국어 이상으로는 절대로 받아들이지 못하게 된다. 영어를 가르치는 많은 사람들이 이 같은 점을 이유로 들어 '해석하지 말라'고 한다. 대부분의 학자들은 '제2외국어의 습득에서 모국어의 간섭현상만 없앤다면(해석만 없다면) 제2외국어도 모국어로서 습득이 가능하다고 입을 모은다. 요즘은 많은 사람들이 이를 알고 있는 듯하다.

　하지만 아이러니하게도 이렇게 침을 튀겨 가면서 해석의 부당성을 강조하는 사람들이 정작 영어책을 내면 해석을 어쩔 수 없이 써 놓는다. 해석하지 않는 것이 가장 좋은 방법인지는 알지만 정작 적당한 해결책이 없기 때문이다. 지금까는 영어를 해석하지 않고서 이해할 수 있는 방법은 없었다.

　그럼 갑자기 이런 의문이 들 것이다. 해석을 하지 않고 어떻게 영어를 이해하지? 그럼 우리는 어떻게 해석도 하지 않고 우리 한국어를 이해할까? 한국어든 영어든 일본어든 모든 언어는 각각 고유의 특색이 있지만 공통점 또한 있다. 따라서 영어에 의문점이 생겼을 때 우리 한국어를 잘 관찰해 보면 의문점이 풀린다.

　한국어의 경우 우리는 해석하지 않고도 어떤 말이나 문장을 이해한다. 왜 그럴까? 어떤 메커니즘이 작용하는 것일까? 그것은 한 단어 한 단어가 모두 그 나름의 이미지를 갖고 있어서 어떤 말을 듣거나 어떤 글을 읽으면 바로 그 이미지가 영상이 되어서 나타나기 때문이다. 영화의 동영상을 생각해 보면 쉽게 이해가 된다. 영화 속에서 보여지는 피사체들의 자연스러운 움직임은 사실 수많은 정지된 컷들이 빠른 속도로 이어지면서 우리 눈에 하나의 자연스러운 동작으로 보이는 것이다. 우리가 말하고 듣는 언어도 마찬가지다. 각 단어의 개별 이미지가 빠른 속도로 연결되면서 전체적인 내용을 의미하는 동영상을 머릿속에 만들어 주는 것이다. 바로 이런 동영상으로 해서 우리는 어떤 문장의 완벽한 의미를 이해하게 된다.

그럼 우리가 영어를 구사할 때는 어떨까? 대개의 경우 이미지 자체를 받아들이는 대신 먼저 한국어로 번역을 한다. 한국어로 번역 작업이 이루어지고 난 다음 비로소 이미지를 만들어내는 것이다. 우리는 우리말 해석을 갖고 영어를 공부하는 한, 이러한 현상을 절대로 피할 수 없다. 따라서 이제는 영어 학습법을 과감하게 바꾸어야 한다. 한국어를 통해 영어를 받아들이는 것이 아니라 그에 상응하는 이미지나 동영상을 통해 영어를 받아들여야 한다. 앞서 말했듯, 'Apple' 할 때 우리말 '사과'가 떠오르기 이전에 'Apple'에 대한 정확한 이미지를 떠올려야 한다. 즉 'Apple'에 대한 설명을 다른 사람들에게 해 줄 수 있을 만큼 구체적인 이미지를 가지고 있어야 한다. 나의 경우 'Apple' 하면 '사과'라는 우리말 대신 내가 좋아하는 여러 가지 사과 생각이 먼저 난다. 그래서 해석이 필요 없다. 우리가 영어에 독자적인 이미지 할당을 하지 않는다면 우리는 항상 모국어의 노예가 된 외국어로써의 영어를 구사하게 될 것이다. 이것은 영어를 제2모국어처럼 자연스럽게 사용하지 못한다는 것을 의미한다.

Return to Innocence! - 순수로 돌아가라

영어는 유아기에 배워야만 모국어화가 된다는 말이 있다. 모국어가 자리 잡기 전에 배워야 효과가 크다는 말이다. 이미 모국어가 자리를 잡은 상태에선 그 어떤 언어도 (해석을 통해) 외국어로 인식되기에 힘들어진다. 유아는 자신의 모국어조차 자리 잡히지 않은 상태이므로 한국어든 영어든 모두 다 해석이 아닌 이미지로 받아들인다. 보고 듣고 냄새를 맡고 만져 보는 등의 원시적인 방식 외에는 아무런 발전된 정보 습득 체계가 없다. 그래서 보이는 대로 바로 이미지화한다. 모국어조차 모르는 유아는 영어를 해석하지 못하는 것이 당연하다. 만약 말을 잘하지 못하는 유아에게 '사과'를 설명해 주기 위해서 사과는 보여주지 않고 사과의 성분과 맛, 사과가 나는 계절 등을 글로만 알려주면 그 아이는 사과를 제대로 알 수 있을까? 유아에게 사과를 가장 잘 알려 주는 방법은 사과를 직접 보여주고 만지고 먹어 볼 수 있도록 하는 것이다. 그것이 안 되면 적어도 사과 그림을 보여 주면서 알려 줘야 한다.

　하지만 성인은 다르다. 성인은 그 단계를 지나서 이미 확립된 자신의 모국어 체계가 있다. 그래서 모든 정보를 원초적인 감각을 통해 받아들이는 것이 아니라 자신이 이미 가지고 있는 모국어를 통해 해석과 분석을 하게 된다. 그래서 새로운 정보가 보이면 그것을 자신이 이미 지닌 모국어로 적당히 받아들이기 좋은 형태로 요리해서 받아들이게 된다. 모국어가 적극적으로 간섭, 개입하는 것이다. 이렇게 말을 하니까 상당히 어렵게 느껴질지도 모르지만, 정리하면 다음과 같다.

　어린이: apple →
　성 인:　apple → 사과 →

　이렇게 만들어 놓으니까 아주 간단해 보인다. 하지만 이런 간단해 보이는 이치가 엄청 큰 차이를 만들고 있다는 사실을 아는 사람들은 거의 없다. 이 두 가지 습득 방식의 차이가 언어의 모국어적인 습득을 가능과 불가능으로 바꾼다.

그렇다면 우리도 그 어려운 영어를 유아처럼 순수하게 받아들이면 잘할 수 있지 않을까? 대답은 'YES!'다. 그러나 그게 말처럼 그리 쉽지 않은 게 문제다. 다 큰 성인은(언어에 있어서는 13세 이상을 성인으로 친다. 13세 정도면 언어 체계가 완벽하게 자리 잡는다.) 발달한 뇌와 너무나 확실하게 자리 잡은 모국어라는 언어 체계를 가지고 있어 영어 같은 다른 언어가 머릿속에 들어오면 어린아이와는 다른 과정을 거쳐 받아들이게 된다. 즉 어린아이처럼 어떤 정보나 단어를 순수하게 느낌 그대로의 이미지로 받아들이는 것이 아니라 발달한 뇌와 기존의 정보를 이용해 그 새로운 정보에 대한 나름대로의 해석과 판단을 내린 뒤 받아들이는 것이다.

그러나 유감스럽게도 이런 성인의 언어 시스템은 언어 학습에 엄청난 장애요인이 된다. 예를 들어 영어 단어 하나를 접하면 우리는 그것을 암기해야 한다는 강박관념에 빠지게 되고, 때문에 우리는 한글을 이용해 빠른 시간 내에 암기한다. 이때 한글이 연결고리 역할을 한다. 예를 들어 'love'라는 단어가 나오면 'love, 사랑, love, 사랑…' 이런 식으로 외우게 된다. 이렇게 하면 금방 외워지는 것은 사실이다. 그러나 이것은 머릿속에 단어를 하나의 이미지로 각인시키는 것이 아니라, 뇌 속의 작은 공간에 'love, 사랑'이라는 세트로 잠깐 보관하는 것이다. 즉 우리말 '사랑'이라는 단어를 처음 배웠을 때처럼 'love'가 이미지로 머릿속에 각인되는 것이 아니라 단순하게 우리말 '사랑'으로만 기억되는 것이다. 우리나라 사람에게 '사랑'이 뭐죠? 하고 물으면 대부분 제대로 답변할 수 없을 것이다. 어떤 것이라고 알고 있고 느끼곤 있지만 한 번도 정의 내려 본 적이 없기 때문에 뭐라고 답변할 수 없기 때문이다. 하지만 'love'는 뭐냐고 물어보면 '사랑' 아니냐고 바로 나온다. 이렇게 우리는 'love'에는 느낌이 아니라 해석만을 가지고 있게 된다.

그러면 성인이 유아와 같이 외국어를 모국어처럼 습득하려면 어떻게 해야 하는가? 간단하다. 'love → love'로 받아들이면 된다. 어떻게 그렇게 하냐고? 그래서 고안된 것이 바로 2장에서 설명할 '이미지 메이킹 잉글리시 Q(Image Making Egnlish Q)와 이미지 자료들'이다. 성인이라고 해도 우리가 어렸을 때 사용한 그 원초적인 정보 습득 방식은 더 쉬운 정보 습득 방식(해석)이 있기 때문에 쓰이지 않을 뿐이지 결코 없어진 것은 아니다. '이미지 메이킹 잉글리시 Q'는 성인을 어린이들이 언어 정보를 받아들이는 방식으로 유도해 모국어 습득과 같은 효과를 만들어 내는 것이 가능하도록 한다. 거기에 성인으로서의 막대한 이해력을 바탕으로 하면 성인이 엄청난 언어적인 천재성을 발휘하게 될 것이다.

언어의 진정한 천재는 언어 습득의 방향을 제대로 잡은 성인이다!

영영사전의 허와 실

영영사전은 잘만 활용하면 단어의 이미지와 뉘앙스를 정확히 아는 데 많은 도움이 된다. 하지만 안타까운 것은 사람들이 영영사전이 영어실력 향상에 많은 도움이 된다는 소리만을 듣고 어떻게 봐야 효과적인지를 모르는 상태에서 무작정 보고 있다는 것이다. 그래도 여기까지는 괜찮다. 가장 안 좋은 경우는 영영사전 옆에 영한사전을 갖다 놓고 공부하는 경우다. 그럴 경우 그 효과는 정말 좋지 않다. 영영사전의 뜻풀이를 보다가 모르는 단어가 나오면 영한사전을 찾고, 또 모르는 단어가 나오면 다시 영한사전을 찾고, 이런 식으로 한 단어의 영영사전 뜻풀이를 해석하기 위해 몇 번씩 영한사전을 뒤적이다 보면 시간과 노력도 장난 아니지만, 정작 문제는 자꾸만 나오는 모르는 단어를 찾느라 애초에 내가 찾으려 했던 단어에 제대로 집중할 수가 없다는 것이다. 단어를 하나 아는데 너무 많은 시간과 노력이 들어가다 보니 학습자로서는 언제까지 이렇게 꼬리물기 식으로 단어를 찾아가야 할까 하면서 느껴질 것이다. 그 두꺼운 영영사전을 보면서 모조리 해석할 생각을 해 보라. 얼마나 막막하겠는가?

　나라면 영어 초보자가 영영사전을 본다고 하면 결사적으로 말리겠다. 그것은 곧 그 사람이 영어를 포기하도록 만드는 지름길이기 때문이다.

그럼 영영사전은 언제, 어떻게 보아야 할까?

　'wring'라는 단어를 영영사전에서 찾으면 'to twist and squeeze clothes to get the water out of them'이라고 나와 있다. 이것을 보면 사람들은 보통 'wring'은 '물을 빼기 위하여 옷을 비틀어 짜는 것'이라고 우리말로 해석해서 그 뜻을 익힌다. 하지만 나는 해석 대신 그 뜻풀이가 전해 주는 이미지만을 느끼고 넘어간다. 이미 'wring'은 나에게 'to twist and squeeze clothes to get the water out of them' 그 이상도 그 이하도 아닌 것이다.

　나에게는 어떤 단어든 그 단어를 접하면 떠오르는 이미지가 있다. 그래서 영영사전의 설명을 읽을 때도 그 설명에서 바로 그 단어의 이미지를 느낀다. 이것은 해석을 통해 뜻을 이해하는 것과는 큰 차이가 있다. 우리말 해석을 통해서가 아니라 영어에서 바로 느낌을 받을 수가 있기 때문이다. 이러한 습관이 몸에 배면 나중에 내가 'wring'이라는 단어를 접했을 때 바로 'to twist and squeeze'가 떠오르면서 '비틀어 짜다'라는 한국어 대신 걸레 같은 것을 비틀어 물을 짜내는 장면이 연상된다. 난 'wind' 하면 바람에 흔들리는 나무가 떠오르고 'clock' 하면 온갖 종류의 시계들이 머릿속에 떠오른다.

wring의 설명을 이미지 메이킹의 형태로 표현한 자료

to twist   and squeeze clothes   to get the water out.

나는 이미지 메이킹 학습법을 통해 익힌 어떤 단어를 봐도 한국어 해석이 아닌 이미지가 먼저 떠오른다. 처음부터 그렇게 입력을 해 놨기 때문이다. 물론 영영사전을 볼 때도 대부분 해석은 필요가 없다. 그냥 뜻풀이를 읽으면 바로 머릿속에 어떤 그림이 그려지는데, 바로 그것이 내가 영영사전에서 찾으려고 했던 내용인 것이다. 이때 동시에 나는 영영사전의 뜻풀이에 쓰여진 단어들을 자연스럽게 같이 학습한다. 'wring' 하면 'twist'와 'squeeze'를 함께 습득하고 나중에 생각이 난다는 말이다. 이런 식으로 영영사전을 보면 단어를 찾을 때마다 그 단어의 의미를 정의하는 영어 표현에서 많은 더 많은 부분적인 표현들을 익힐 수 있어서 어휘력을 기하급수적으로 늘릴 수 있다. 그리고 영영사전의 영어 의미 풀이를 통해 어려운 단어를 쓰지 않고 좀 더 쉬운 다른 말로 어떻게 풀어서 설명하는 요령도 생긴다. 그렇지 않고 해석을 통한 뜻풀이 익히기에 급급하다면, 영영사전이 좋다니깐 보긴 봐야겠는데 일일이 해석해야 하니 거추장스럽고 귀찮아 '짐' 이상은 되지 않는다.

영영사전을 가장 효과적으로 보는 법은 영영사전의 뜻풀이를 해석 없이 이미지로 바로 느끼며 보는 것이다. 영영사전을 보는데 해석 없이 이미지로 느끼지 못하고 일일이 우리나라 말로 해석해서 이해하는 작업을 해야 한다면 영한사전을 보는 게 더 낫다. 영한사전의 도움 없이 영어를 영어로 받아들일 수 있는 단계에 들어선 사람에게 영영사전은 그야말로 무궁무진한 읽을거리가 된다. 영영사전은 이미지 메이킹에 익숙해진 상태, 즉 영어를 해석 없이 이미지로 받아들이는 훈련이 된 상태에서 봐야 영영사전의 진정한 효과를 알 수 있다. '이미지 메이킹 잉글리시 Q' 시리즈 중에서 전치사 편과 동사 편을 모두 제대로 익혔다면 영영사전을 해석하지 않고 영어에서 영어를 바로 받아들이는 것이 상당 부분 가능하다. 그런 목적과 용도를 가지고 만들어진 영어 학습용 책이다.

어떤 학습자는 전치사 편과 동사 편만 마스터해도 외국에서 유학 생활 적응하는 데 거의 문제가 없었다고 한다. 실제 유학을 갔었던 학습자에게서 들은 이야기인데, 유학 가서 거기에 있는 원어민 튜터에게 한국에서 가지고 간 영어책을 다 보여주면서 영어 공부에 좋을 책을 골라 달라고 하니, '이미지 메이킹 잉글리시' 시리즈만 남기고 나머지는 안 보는 게 좋을 거 같다고 하면서 책에 관심을 많이 보이더라는 것이었다.

또 다른 학습자는 영어를 아주 잘하는 남자친구가 뭘 보냐고 해서 영어 공부하는 책이라고 하면서 보여 줬다고 한다. 속으로는 그림만 잔뜩 있는 영어책이라서 수준이 낮다고 놀릴까봐 걱정 했었는데 오히려 남자 친구는 자기는 어렵게만 표현하던 것을 여기서는 전치사를 잘 이용해서 아주 명료하고 자연스럽게 잘 표현한다고 하면서 전치사 표현을 강화하기 위해서 자기도 보면 좋을 책이라고 했다고 한다. 그 학습자는 거기에서 책에 대한 확신을 더 얻었다고 한다.

그림만 잔뜩 있는 책이라고 해서 쉬운 것이 아니고 그 수준이 낮은 것은 절대 아니란 것을 알아 두어야 한다.

사전의 용도는 학습이 아니라 참고에 있다

영영사전을 볼 때 중요한 것이 하나 있다. 이것은 영한사전을 볼 때도 마찬가지인데, 사전은 원래 그 용도가 어떤 문장을 공부하다 모르는 단어가 나오면 그 문장에서 그 단어가 어떤 뜻으로 쓰였는지를 찾아보는 것이다. 흔히들 사전에서 어떤 단어를 찾으면 그 단어가 갖는 여러 가지 뜻을 한꺼번에 알아두려고 하는데, 사전을 찾아볼 때 중요한 것은 항상 그 문장에서 쓰인 한 가지 뜻만 숙지하면 된다는 것이다. 단어는 홀로 떨어져서는 의미가 없으며 오직 문장 속에서만 하나의 의미를 갖기 때문에 문장 속에서 단어의 의미를 숙지해야 한다. 예를 들어 'get'의 경우를 살펴보자.

1. When did you get here? (arrive = 도착하다)
2. When did you get it? (buy = 사다)
3. You got it? (understand = 이해하다)
4. It's getting worse. (become = 어떤 상태로 되다)
5. We get a lot of junk mail. (receive = 받다)
6. Shell I go and get the phone book? (bring = 가지고 오다)

위의 문장에는 모두 'get'이 쓰였지만 그 뜻은 각각 '도착하다', '어떤 상태로 되다', '사다', '이해하다', '가지고 오다'로 다 다르다. 그러면 이렇게 다른 뜻을 알기 위해 사전에서 'get'을 찾아 그 의미들을 모두 다 외워야 할까? 전혀 그렇지 않다. 그 단어의 뜻을 몽땅 다 철저히 암기해도 그 단어가 각각의 문장에서 어떤 의미로 사용되는지는 알기 힘들다. 설령 알 수 있다 해도 그동안 너무 많은 시간이 소요되기 때문에 비효율적이다.

영영사전을 찾을 때는 반드시 그 단어가 지금 문장에서 어떤 뜻으로 쓰였는지를 찾아 그 부분만 이미지화시키는 것이 좋다. 만약 "When did you get there?"라는 문장에서 'get'의 뜻을 잘 모르겠다면 'get'의 여러 가지 뜻 중에서 이 문장에 딱 들어맞는 'arrive = 도착하다'란 뜻만 찾고는 사전을 덮어라. 그밖의 다른 뜻은 다른 뜻으로 사용된 문장을 접했을 때 또 찾아보면 된다. 사전의 용도는 참고에 있지 모든 걸 달달 외워대는 학습에 있지 않다. 단어의 어떤 의미든 실제 쓰인 문장 안에서 얻지 않으면 그 정확성을 말할 수 없다. (단어의 여러 가지 의미를 파악하고 싶다면 사전 대신 센딕 어플을 이용해 검색해 보자. 그 단어가 문장 안에서 어떻게 변화되고 의미를 나타내는지 수많은 예문을 통해 한눈에 확인할 수 있다.)

Collocation 사전, 영어 문장력 확장에 유용

'Collocation 사전'은 원어민이 사용하는 영어 문장력을 확장하는 데 가장 유용한 사전이다. 영영사전 중에서 'Collocation dictionary'라는 것이 있다. 이건 옥스포드나 롱맨 등 사전을 만들어 내는 곳에서도 나오기는 하는데 롱맨에서 나오는 것이나 옥스포드에서 나오는 것을 보는 것이 경험상으로 가장 좋았다.

콜린스코빌드 영영사전은 이전에 모 학습법 때문에 우리나라에 한때 유행하기도 했지만 보기 어려워 중고로 가장 많이 나오는 영영사전 중에 하나다. 콜린스코빌드 사전이 나쁜 것은 아니지만 단어의 정의를 명확히 내려 주는 것이 아니라 학습자가 사전에서 제시하는 문장 속에서 단어의 정의를 알아 나가는 방식이라 영어를 어느 정도 하지 않는 상태에서는 이 사전을 제대로 활용하는 것이 적지 않게 어렵다. 어디 영영사전이 좋지 않을 수가 있겠는가? 하지만 제대로 이용하지 못한다면 없는 것이나 다름없을 수는 있을 것이다.

그래서 우리나라 사람들이 보면 좋은 영영사전은 단어 정의가 어렵지 않은 단어로 쉽게 정의 내려진 영영사전이 좋고, 단어의 쓰임이 들어 간 예문들이 너무 길지 않고 일상생활에서 많이 사용할 수 있는 그런 예문들이 들어가면 좋은데 이 역시 롱맨 사전이나 옥스포드 사전이 좋다. 개인적으로 나는 롱맨 사전을 우선으로 보고 참고를 한다.

지금 내가 소개 하려고 하는 'Collocation dictionary'라는 사전은 우리말로 하면 '연어 사전'이라고 할 수 있다. 이 '연어' 의미는 사전적으로 보면 '특정 단어와 같이 쓰이는 단어들의 조합'이라고 할 수 있다. 즉 어떤 단어가 있으면 그 단어와 같이 쓰이는 다른 단어들의 조합을 알려 주는 것이다. 근데 이게 왜 좋을까? 원어민들이 가장 즐겨 쓰는 단어의 조합을 보여 주기 때문이다. 이런 조합을 부지런히 익히면 외국에서 살지 않아도 원어민들이 즐겨 쓰는 형태의 단어 조합과 문장을 사용할 수 있기 때문이다.

이 사전에는 단어의 정의도 거의 없고 발음기호도 없다. 다만, 어떤 단어를 중심으로 앞이나 뒤에 같이 쓰이면 좋은 단어들을 소개하고 그 부분이 들어간 문장을 예문으로 보여 주는 것이 전부다.

이 'Collocation dictionary' 역시 영어 문장력이 거의 없는 초보자가 볼 사전은 아니다. 하지만 어느 정도 영어 문장력이 생기기 시작하면 그 문장력에서 좀 더 여러 가지 방향으로 원어민이 즐겨 사용하는 영어 표현 수준에서, 확실한 영어적인 사고방식 안에서 확장해 보고 싶을 때 아주 유용하게 사용할 수 있는 사전이라는 것은 확실하다.

그럼 이 'Collocation dictionary'가 어떻게 되어 있는지를 보자. 'day'를 찾아보면 아래와 같은 결과가 나온다.

'day'

- Noun('day'가 명사라는 것을 알려 줌),
- 1 period of 24 hours (보통 정의가 없는데 이렇게 단어의 정의가 있는 경우도 있음)

ADJECTIVE (형용사와 같이 쓰일 경우를 보여 주는 표시)

- the following, (the) next ('day' 앞에 붙어서 연이어 오는 날, 다음 날 의 의미의 조합으로 쓰인다는 것을 보여 줌)

- the previous ('day' 앞에 붙어서 이전 날이라는 의미로 이렇게 단어 조 합이 된다는 것을 보여 준다)

- the other ('day' 앞에 붙어서 다른 날이라는 의미로 사용이 되는 조합을 보 여 줌)

ex) I was in your area the other day. (가끔 이렇게 문장에서 어떻 게 사용되는지도 보여 줌)

- one, some ('day' 앞에 'one, some'을 사용할 수도 있는 것을 보여 줌)

ex) I hope we meet again some day. ('some day'가 문장 안에서 실제로 어떻게 사용되는지를 보여 줌)

- the very ('day' 앞에 붙어서 당일이라는 의미로 사용이 될 때를 보여 줌)

ex) It happened on the very day(=the same day) that Kemp was murdered. ('the very day'가 문장 안에서 실제 사용되는 예를 보 여 줌)

ex) The letter arrived the very next day. ('the very day'가 'the very next day'로 응용되고, 그 바로 다음 날이라는 의미로 사용되는 것을 보여 줌)

- work(usually workday, AmE), working(BrE) ('day' 앞에 'work'를 사용 하는데 보통 'workday'로 붙여서 사용하고 이 표현 방식은 미국식, 'working day'로 사용하면 영국식 표현이라는 것을 보여 줌)

- bad, busy, hard, long, tiring, good, quiet, slow ('day' 앞에 다양한 형용사 수식어를 붙여서 나쁜 날, 바쁜 날, 힘든 날, 피곤한 날, 좋은 날, 조용한 날, 더디게 가는 날 등으로 표현하는 단어들이 조합을 보여 줌)

- a hard day at the office ('hard day'가 문장에서 실제로 어떻게 사

용되는지를 보여 줌)

- 7-hour, 8-hour, etc. ('7-hour day, 8-hour day' 처럼 사용되어 하루에 일하는 시간을 어떻게 표현하는지를 보여 줌)

ex) I do a 9-hour day. (실제 문장 표현에서 하루에 일하는 시간이 얼마나 되는지를 어떻게 표현하는지 보여 줌)

- sick ('sick day'라는 표현으로 병으로 인한 유급 휴일을 어떻게 나타내는지를 보여줌)

ex) I am entitled to ten paid sick days a year. ('sick day'를 실제 영어 문장 표현에서 어떻게 사용하는지를 보여 줌)

- big, eventful, historic, memorable, red-letter, special ('day' 앞에 붙여서 중요한 날, 역사적인 날, 기념할 만한 날, 빨간 날, 특별한 날 등으로 표현을 어떤 단어의 조합으로 하는지를 보여 줌)

- election, market, opening, pay, polling, visiting, wedding ('day' 앞에 붙여서 선거 날, 장날, 개업일, 월급날, 투표일, 방문일, 결혼식 등의 표현을 어떤 단어들의 조합으로 하는지를 보여 줌)

- sports(BrE) (운동회를 'sports day'라고 표현할 수 있는데 이건 영국식 표현이라는 것을 보여 줌)

DAY + VERB ('day' 다음에 올 수 있는 동사의 조합)

- pass ('day' 다음에 올 수 있는 동사가 'pass'라는 것을 보여 줌)

ex) He thought of her less as the days passed. ('day + pass'의 조합이 '날이 지나면서'라는 의미로 문장에서 어떻게 사용되는지를 보여 줌)

- come ('day' 다음에 오는 동사가 'come'이 있다는 것을 보여 줌)

ex) When that day comes, I plan to be far away. (실제 'day + come' 조합이 문장에서 어떻게 사용되는지를 보여 줌)

PREPOSITION (전치사와의 조합을 보여 줌)

- by the day ('by the day'로 사용될 수 있다는 것을 보여 줌)

ex) He's getting stronger by the day. ('by the day'가 '나날이'라는

의미로 문장에서 실제 사용되는 예를 보여 줌)

- for a/the day ('for a day, for two days, for three days…' 식으로 사용

가능하다는 것을 보여 줌)

ex) They stayed for ten days. ('for ten days'라는 형식으로 실제 예

문에서 어떻게 사용되는지를 보여 줌)

- in a/the day ('in a day, in two days, in three days…' 식으로 사용 가능

하다는 것을 보여 줌)

ex) We hope to finish the job in a few days. ('in a few days'로

사용이 가능하다는 것을 실제 예문을 통해서 보여 줌)

PHRASES ('day'가 들어 간 구의 쓰임을 보여 줌)

- all day (long) ('하루 종일'이라는 표현을 어떤 단어들의 조합으로 할 수 있

는지를 보여 줌)

- at the end of the day ('하루의 끝'이라는 표현을 어떤 단어들의 조합

으로 표현할 수 있는지를 보여 줌)

- day and night ('밤낮으로'라는 표현을 영어로는 어떤 단어의 조합으로 할

수 있는지를 알려 준다. 우리나라 말처럼 'night and day'라고 하면 어색함)

'day'만 알고 있었다면 그리고 'day'에 관련된 몇 문장만 알고 있
었다면 거기서 그치기 때문에 세부적이고 다양한 주옥같은 'day'
에 관련된 일상적이고 다양한 표현들을 익히는 것이 힘들게 된다.
하지만 위에 주석을 달아 놓은 것을 쭉 읽어 보면 알 수 있듯 사전

에서 알려 주는 각각의 표현들이 우리가 일상생활에서 흔히 사용하고 많이 접하는 표현들이지만 우리가 실제 영어회화 책들을 통해서는 쉽게 접할 수 없는 표현들이 상당히 많은 것을 볼 수 있다.

다시 말하면 우리가 반드시 알아야 하는 표현들인데도 불구하고 회화 책에서 알려 주지 못하는 그런 표현들이 너무 많은 것이다. 하지만 이 'collocation dictionary'를 통해 우리가 미처 접하지 못하는 일상적인 표현을 습득할 수 있고, 원어민이 전혀 어색해 하지 않는 영어 표현을 익힐 수 있을 뿐 아니라 영어적인 단어들의 조합에 익숙해져 영어스러운 것과 영어스럽지 않은 것을 구분 할 수 있는 사고능력 형성까지 가능하게 되는 것이다.

위의 내용들을 차근차근 보다보면 어려운 단어들도 가끔 나오지만 대부분 우리가 아는 쉽고 어렵지 않은 단어 위주로 많이 나온다. 하지만 우리는 단어만 알고 있을 뿐 우리가 알고 있는 이런 쉬운 단어들이 저렇게 조합되어 좋은 영어 표현이 되는지는 잘 알지 못한다. 위와 같은 표현을 알기 위해 원어민한테 물어 봐도 의견이 분분한 경우가 많다. 특히 영국식 표현은 미국인들에게 물으면 자신이 안 쓴다는 이유로 콩글리시라고 하는 경우도 적지 않다.

하지만 이렇게 'Collocation dictionary'를 통해 원어민들이 실제 자주 사용하는 단어들의 조합을 다양하게 익히게 되면 영어 문장력의 표현에 있어서 상당히 세밀하고 다양한 표현까지 가능하다. 이런 목적으로 사용하는 사전으로 이 'Collocation dictionary' 처럼 영어권에 살지 않으면서 자연스러운 영어 표현을 습득하는 데 효과적인 사전을 본 적이 없다.

요즘은 이 사전은 전자사전을 사면 구성품으로 같이 들어 있는 경우가 많은데, 이 사전이 들어가 있지 않은 전자사전은 살 필요가 없다. 안드로이드 어플이나 아이폰 앱 중에서 사전 어플을 보면 웹에서 'Collocation dictionary' 사전 데이터를 무료로 다운받아 설치해 사용할 수 있는 어플도 있는데 이런 유용한 사전 어플을 잘 이용하면 다양한 영영사전까지 어렵지 않게 잘 이용할 수 있다. 안드로이드 어플은 '폴리나리(polynari)'라는 어플을 추천한다. 꼭 비싼 전자사전을 살 필요는 없고, 따로 주렁주렁 들고 다닐 필요는 없을 것이다. 우리가 항상 가지고 다니는 스마트폰이 전자사전보다 더 발전된 형태의 기기이기 때문에 어플을 잘 이용하면 웬만한 전자사전의 기능을 훨씬 능가하게 된다.

영어를 잘하는 방법은 우리가 영작을 잘하는 것이 아니다. 검증받지 못하는 영작을 자꾸 하게 되면 정작 원어민들이 사용하지 않는 단어의 조합을 만들어 내거나 콩글리시를 만들어 내는 경우가 대부분이기 때문이다. 영어를 잘하는 방법은 원어민이 사용하는 단어의 조합과 문장 구성 방식에 익숙해지는 것이 최선의 방법인데 이것을 위해서 외국에서 사는 것이 최고의 방법이 되겠지만 그럴만한 상황이 아니라면 차선책으로 'Collocation dictionary'가 그것을 대체할 충분한 역할을 할 수 있을 거라 생각한다.

문장력에 재미가 생기면 반드시 보는 것을 고려해 볼만한 아주
훌륭하고 좋은 사전이다.

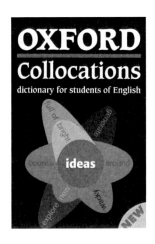

08

영어, 절대로 3개월 만에 되지 않는다

영어에 대한 우리의 잘못된 고정관념은 의외로 많다. 그중에 가장 심각한 것이 바로 영어를 단기간에 마스터할 수 있다고 믿는 것이다. 시중에는 어쩜 그렇게 단기간에 영어를 정복하고 원어민 뺨을 칠 정도로 영어를 한다는 사람들이 많은지 모르겠다. 책 속의 사람들은 그토록 기적적인 효과를 봤는데 왜 유독 그 책을 보는 사람들은 그렇지 못한지도 의문이다. 적어도 난 내 책을 비롯해서 그 어떤 영어책을 통해서도 그렇게 금방 영어를 원어민처럼 하는 사람을 아직까지 한 명도 본적이 없다. 내가 처음 이미지 메이킹을 통해 영어를 받아들이는 데 걸린 1년 6개월도 영어가 완성된 시기가 아니다. 이제야 비로소 영어를 제대로 알기 시작한 단계일 뿐이었다. 그래서 나는 내 영어를 완성된 영어라고 절대 말하지 않는다. 우리말도 완성하지 못한 내가 영어를 완성 한다고? 말도 안 되는 소리다. 하지만 너무 많은 사람들이 완성이라는 말을 쓴다.

영어는 언어다

　언어는 절대로 몇 달 만에, 몇 권의 책을 통달했다고 해서 정복되지 않는다. 만약 몇 달 만에 영어 정복이 가능하다면 우리는 영어를 하지 않아도 된다. 그게 가능하다면 벌써 누군가가 컴퓨터로 우리가 영어를 하지 않아도 될 만큼 좋은 도구를 만들어서 완벽히 해석해 주고 번역해 주었을 것이다. 지금까지도 수없이 많은 번역 프로그램들이 쏟아져 나왔지만 어느 하나도 어눌한 기계적 번역 이상의 기능을 해내지 못했다. 아마 사용해 본 사람은 다들 알 것이다. 영어 문장을 번역기를 돌려서 우리나라 말로 바꿔 보면 번역기의 실체를 금방 알 수 있다. 컴퓨터가 스스로 생각하기 시작해서 상황을 판단하고 감정을 읽기 전에는 영어를 우리나라 말로 제대로 옮겨 주는 것은 거의 불가능할 것이다. 그냥 상투적인 문장을 제대로 번역해 주는 것 말고는 말이다.

　왜 영어가 단기간에 되지 않는지 지금부터 설명해 보겠다. 영어가 사회나 국사 과목처럼 암기만 하면 되는 것이라고 생각하는가? 절대로 아니다. 영어는 '언어'다. 자신이 받아들인 표현을 사용해 본 경험이 있어야 완성이 되는 언어인 것이다. 그런데 우리는 가끔 영어를 그냥 암기과목 수준으로 생각하는 것 같다. 만약 원어민이 우리말을 배우겠다며 한국어 문법, 회화 책 몇 권을 가지고 도서관에 틀어박혀서 3개월 만에 마스터해 보겠다고 한다면 우리는 뭐라고 하겠는가? "그러지 말고 한국 사람하고 많이 말을 해 봐." 라고 하지 않을까?

우리는 모국어인 한국어를 습득하기 위해서 셀 수 없을 정도로 우리말 표현을 실생활을 통해 반복하고 새로운 표현들을 익혀 왔다. 우리들 나이만큼의 언어적인 경험도 생겨 지금 우리가 사용하는 자연스러운 우리나라 말이 된 것이다. 그럼 원어민이 내가 사용하는 우리나라 말을 알아듣기 위해서는 내가 경험한 것의 1/10 이라도 그 원어민이 경험을 해 봐야 제대로 이해 할 수 있지 않을까? 그렇다면 성인을 기준으로 하면 적어도 2~5년 정도의 언어적인 경험은 있어야 할 것이다. 이것을 1, 2개월이나 3개월에 할 수 있을까? 그것도 어설픈 문법책이나 영어회화책 몇 권을 가지고 말이다. 그런데도 책마다 '1개월, 2개월, 한 번만 하면, 이 책 한 권이면, 하루에 5분, 10분이면…'이라는 말로 독자들을 현혹하고 있다. 그런 문구를 넣는 이유는 그게 안 되는 것인지 출판사도, 저자도 더 잘 알지만 그렇게 해야 책이 팔리기 때문이다.

이런 책들을 믿고 1개월, 2개월 열심히 한 사람들이 그 기간 안에 책에서 말한 대로 영어가 잘 되지 않는다면 그 사람들은 방법이 잘못 되었다고 생각하기보다는 자신의 머리가 나쁘거나 원래 영어에 소질이 없다고 생각하게 된다. 이렇게 생각하면 스스로 포기하게 된다. 정말로 구제불능이 되는 것이다. 자신감을 잃는다는 것은 모든 것을 잃는 것과 같기 때문이다. 원래 그 기간 동안에는 거의 이루어지는 결과가 없는 것이 당연한데도 말이다.

그리고 그 사람들은 주어진 시간인 1개월, 2개월 이상을 하지 못한다. 왜일까? 그 기간만 하면 영어가 된다고 했기 때문이다. 만약 사람들이 이 기간을 적어도 2년으로 생각했다면 적어도 2년 동안은 포기하지 않지 않을까? 2년은 해 봐야 결과를 알 수 있으니까 말이다. 그렇게 2년 동안 열심히 한 사람들은 분명 1개월이나 2개월을 한 사람보다는 훨씬 더 영어를 잘하게 되었을 것이다.

하지만 2년동안 해야 한다는 책 보다는 1개월, 2개월 하면 완성시켜 준다는 그런 책들을 사람들이 좋아하고 더 많이 찾으니 자연스럽게 과장을 하고 이런 자극적인 문구를 넣게 된다. 그래야 책을 많이 팔 수 있으니 말이다. 몇 개월 만에 영어를 완성시켜 주겠다고 선전하는 그 어떤 방식도 따라 하지 말았으면 좋겠다. 절대로 불가능하다! 아니라고? 그럼 그런 책을 직접 경험해 보면서 내가 한 말을 나중에 뼈저리게 느끼는 수밖에 없을 것이다.

- 우리나라가 영어를 잘하기 위해서는 영어 시험 자체를 들어내야 한다

우리나라는 영어 시험이 가장 많이 발달된 나라 중에 하나다. 그런데 영어실력은 전 세계에서 뒤에서부터 세는 게 더 빠를 정도다. 영어 시험 제도가 많이 발달된 나라일수록 영어실력이 낮아질 수밖에 없다. 그 이유는 간단하다. 실질적으로 말을 할 수 있는 영어에 투자해야 하는 시간에 우리는 영어 시험의 답을 찍기 위한 기술만 배우고 있으니 영어가 안 되는 것이 당연하다.

기업체에서는 신입사원의 영어실력을 평가하기 위해 영어 시험 점수를 요구한다. 기업체의 입장에서는 영어가 필요하든 그렇지 않든, 언제 어떤 상태에서 필요할지 모르는 영어 구사 능력을 가지고 있는 사원을 많이 들이고 싶은 심정은 이해가 간다. 요즘 같은 글로벌한 시대에서는 말이다. 하지만 그게 변별성 떨어지는 영어 시험 점수로 판단되는 것이 문제라는 것이다.

영어 시험 점수가 높은 사람이 영어를 잘하고 구사능력이 뛰어나다면 이런 문제를 제기할 필요는 없을 것이다. 하지만 영어 시험 점수가 높다고 해서 영어 구사능력이 그 시험 점수만큼 높을 거라는 생각은 대부분의 사람들이 하지 않게 되었다. 우리 주위에 고득점을 받는 사람들은 너무 많이 나타나는데 실제 그들의 영어 실력에 대해서 우리가 너무 실망을 많이 하게 되기 때문이다.

이건 우리만 그렇게 느끼는 것이 아니라 기업체에서도 대부분 느끼는 것이다. 영어 시험 점수를 기준으로 해서 영어실력을 평가해 사람을 뽑았는데 나중에 영어가 필요해 영어 능력을 이용해 보려고 해도 기대에 한참 못 미치는 영어실력을 보여 주는 경우가 너무 자주 있기 때문이다.

시험 위주로 영어를 공부한 사람들이 실제 말하기, 쓰기에는 턱없이 부족한 경우가 많다. 그래서 이제는 우리도 영어 시험 점수가 높다고 해서 그 사람이 영어를 잘 할 거라고는 생각하지 않는다. 그리고 기업체 역시 그렇게 생각하고 더 이상 토익 시험으로 영어실력을 판단하려고 하지 않는 분위기가 만들어지고 있다. 그래서 이런 추세에 맞춰 영어 시험에 스피킹이 들어갔다. 스피킹이 들어가면 사람들이 이 스피킹을 준비할 것이고 이전보다는 말을 하는 것에 좀 더 익숙해질 수 있을 것이라는 생각에서다.

하지만 문제는 스피킹 마저도 시험으로 외우듯이 준비한다는 것이다. 대부분의 영어 시험 스피킹 응시생들이 같은 질문에 같은 대답을 하는 획일적인 앵무새 답변을 준비할 것이기 때문이다. 우리는 잘 팔리는 스피킹 수험서나 유명한 강사의 수업을 대부분 들을 것이기 때문에 우리가 만들어 내는 답변은 대부분이 비슷하거나 단어 하나 틀리지 않고 같을 수도 있을 것이다. 영어 시험 스피킹을 평가하는 원어민들이 수험생들의 답변을 들으면 한국 사람들은 모두 비슷한 생각과 취미, 생활방식을 가지고 있다고 생각할 것이다. 어쨌든 시험이 변별성이 있느냐 없느냐는 우리가 판단할 몫이다.

그런데 이것보다 더 심각한 문제가 있다. 우리가 반드시 준비해야 하는 영어 시험 때문에 정작 우리가 해야 하는 말을 하기 위한 영어 공부를 할 시간이 없거나 부족하게 된다는 것이다. 만약 우리가 반드시 준비해야 하는 영어 시험이 없다면 영어가 필요한 사람들은 영어를 말하기 위한 다양한 방법으로 자신의 영어를 업그레이드할 수 있을 것이다. 하지만 우리는 다양한 영어 시험을 자격증 따듯이 준비해야 하고 그 과정 속에서 많은 시간을 보내게 되고 제대로 영어를 공부할 수 있는 시간을 대부분 빼앗기게 되는 것이 문제다. 영어 시험에서 원하는 고득점을 드디어 받은 사람들이 대부분 이렇게 말한다!

'이제는 말을 할 수 있는 영어회화를 해야겠다!'

이 말은 우리가 어렵지 않게 주위에서 흔히 들을 수 있다. 그렇다! 영어 시험을 통해서 우리는 원하는 영어실력을 만들 수 없다. 단순히 시험에 스피킹을 넣는다고 해서 상황은 바뀌지 않는다. 응시생들이 좀 더 힘들어질 뿐 그리고 그 시험을 통과하기 위한 편법이 하나 더 늘 뿐인 것이다.

우리나라 사람들이 영어를 잘하기 위해서는 불필요한 영어 시험을 과감히 없애야 한다. 그리고 영어가 필요한 기업체에서는 시험점수로 영어를 평가하는 것을 과감히 버리고 영어를 말하는 능력을 실제로 평가해야 한다. 그러면 사람들은 실질적으로 영어를 잘하기 위한 노력을 하게 될 것이고 영어 시험을 준비하기 위한 불필요한 시간을 낭비하지 않을 것이다.

나는 토익 시험을 한 번도 본 적이 없다고 말한 적이 있다. 그랬더니 이런 말을 한다. '우리나라 사람으로서 토익 시험을 본 적이 없다는 말이 가능한가?' 거짓말이라는 것이다. 우리나라 사람이라면 왜 반드시 토익시험을 봐야 하는가라는 의문을 가져야 그게 더 정상이 아닐까? 나는 단지 토익시험이 필요하지 않아서 보지 않았을 뿐이었다. 모른다. 내가 어떤 회사에 취직을 해야 하는데 그 회사에서 영어 시험 점수를 영어실력과는 무관하게 요구한다면, 갖가지 불평을 늘어놓고 불필요한 시간을 낭비하면서 나도 준비했어야 할지 말이다.

기업체가 진짜 영어실력이 있는 사람들을 뽑기를 원한다면 과감히 영어 시험의 굴레에서 벗어나야 한다. 그래야 영어를 준비하는 사람들도 시험이 아니라 실질적으로 말하는 영어를 하기 위한 다양한 노력을 하게 될 테니 말이다. 우리가 대부분 준비하는 영어 시험은 대부분의 원어민들이 고개를 설레설레 가로젓는다. 시험의 목적이 뭔지 모르겠다는 것이다. 우리가 반드시 쳐야 하는 수능 영어 시험은 미국 원어민 대학생도 풀지 못하고 틀리는 문제가 수두룩하다. 하지만 우리의 수능생들은 몇 초 안에 간단히 답을 알아낸다.

원어민처럼 영어를 많이 알수록 헷갈리는 우리나라 영어 시험문제의 답이 수능생들에게는 간단명료하게 보이는 것이다. 영어 시험에만 익숙한 우리들은 영어에 익숙한 것이 아니라 영어 문제의 답을 골라내는 것에만 익숙하기 때문이다. 우리나라 수능 영어 문제를 고민 고민하다가 결국 틀린 미국인이 "저, 미국 사람이에요." 하면서 어이없어 하는 표정이 눈에 선하다.

우리나라 사람들이 영어를 잘하기 위한 방법은 단 한 가지다. 영어 시험을 의무화하지 말고 영어실력을 기르고 싶은 사람들에게 불필요한 시험에 얽매이지 않고 충분히 영어실력을 쌓을 수 있도록 시간을 주는 것이다. 지금과 같이 영어 시험 위주로 돌아가는 상황이라면 우리나라 사람들이 제대로 된 영어를 할 수 있는 시간과 기회는 계속 박탈당하게 되는 것이다.

- 답변 준비만 시키는 회화 책들, 언어를 잘하려면 질문의 고수가 되어야 한다

이미 앞에서 말한 것처럼 지금까지의 대부분의 영어회화 책은 질문보다는 답변 위주로 학습하도록 구성되어 있는 것이 일반적이다. 특히 우리나라 영어회화 책은 답변 위주로 되어 있는 경향이 더 많다. 책에서 질문의 유형을 가지고 있는 문장은 전체 비중에서 10%도 안 되는 경우가 대부분이다. 나는 만나는 사람들마다 이런 질문을 한 적이 있다.

"대화를 잘하기 위해서는 답변을 잘해야 하나요? 질문을 잘해야 하나요?"

그러면 전부 "질문을 잘해야죠?" 하고 당연하다는 듯이 말한다.

맞는 말이다. 대화를 잘하기 위해서는 반드시 답변보다는 질문을 더 잘해야 한다. 대화를 하는 사람들이 대답을 하기 위해서만 기다린다면 금방 대화를 끊어지는 것을 보게 된다.

이렇게 우리는 대화를 잘 이어 나가기 위해서 질문이 무엇보다 중요하다는 것을 알고 있으면서 영어 문장력을 익힐 때 질문의 형태로 된 영어 표현을 익히는 데는 익숙하지 않다.

그건 우선 영어회화 책들이 대부분 질문보다는 답변 위주로 구성되어 있기 때문이다. 영어회화 책들이 영어로 된 다양한 질문을 제시하면서 질문의 중요성을 강조했다면 우리는 질문을 더 많이 익히고 그 질문들로 대화를 하며 더 많은 다양한 답변을 습득하게 되었을 것이다. 언어를 잘 습득하는 건 발상의 전환과도 같다. 지금까지 답변을 열심히 준비해서 원어민이 먼저 물어 보기 전에는 대화를 이끌어 나가지 못했다면 이제는 질문을 열심히 준비해서 내가 먼저 질문하고 대화를 이끌어 나가며 내가 던진 질문에 대한 다양한 답변을 대화를 통해 자연스럽게 습득해 나가면서 영어실력을 늘려 보도록 하자. 이전보다는 훨씬 더 능동적인 언어습득 방법이 될 것이다.

질문과 답변을 모두 다 준비하면 더 좋겠지만 둘 중에서 하나만 먼저 해야 한다면 "질문이 당연히 우선이다."라고 말하고 싶다. 그건 다양한 상황에서 표현할 수 있는 다양한 질문의 형태를 알고 있으면 우선 질문을 통해 대화를 주도해 나갈 수 있다. 먼저 질문을 하게 되면 상대방은 그 질문에 대한 적절한 답변을 하게 된다.

여기서 주목할 만한 것은 내가 질문을 한 것에 대해서는 상대방이 어떤 답변을 하더라도 어렵지 않게 그 의미를 알아들을 수 있다는 것이다. 그건 내가 한 질문에 상대방이 어떤 종류의 답변을 할 것이라고 어느 정도 예상할 수 있기 때문이다. 그래서 원어민이 답변을 한 문장에서 몇 단어만 알아들어도 그 사람의 의중을 어렵지 않게 알아낼 수 있다. 이런 과정을 통해서 질문하고 상대방의 답변을 얻고 자연스럽게 익히게 된다. 이게 언어 습득의 과정이다.

아이들이 언어를 배울 때 답변보다는 질문을 많이 하는 것도 질문이 언어를 익히는 데 더 많은 효과를 주기 때문이다. 질문을 통해서 자기가 모르는 표현의 부분들을 채워 나가기 위한 것이다. 그래서 영어로 된 질문을 잘 준비한다는 것은 더불어 거기에 대한 답변도 자연스럽게 습득할 수 있게 된다는 것을 의미한다.

하지만 질문이 아닌 답변을 위주로 준비하게 되면 상대방이 물어보기를 기다리게 된다. 내가 준비한 것이 답변이니 상대방이 물어 봐 줘야 내가 익힌 표현을 사용할 수 있기 때문이다. 다행히도 상대방이 쉴 새 없이 질문을 해 주면 나도 부지런히 익힌 답변을 하겠지만 상대방이 질문을 하지 않으면 대화가 끊기게 된다. 그리고 상대방이 갑작스럽게 질문을 하면 그 질문을 알아듣는 것 자체도 어려워진다. 어떤 종류의 질문을 한 것인지를 제대로 파악하는 것이 어렵다는 것이다. 상대방이 어떤 질문을 하게 될지를 내가 미리 예상하지 못하는 경우가 대부분이기 때문이다.

그래서 질문을 제대로 파악하지 못하고 긴장하게 되면 부지런히 익힌 답변조차도 제대로 하지 못하게 되는 것이 우리들이 처한 상황이 되는 것이다. 내가 먼저 질문한 것에 대한 답변은 내가 이미 질문을 했기 때문에 그 답변이 어떤 식으로 나오더라도 내가 미리 답변의 방향을 예측할 수 있어서 상대방의 답변을 알아듣는 것이 어렵지 않고 그 과정을 통해서 질문을 함으로써 답변을 습득할 수 있다.

영어 학습 시 질문을 준비하는 것과 답변을 준비하는 것을 이렇게 비교해 봤을 때 기존에 우리가 해 온 방식인 답변을 위주로 준비하는 방식이 얼마나 비효율적이고 효과가 적은 방식이었는지를 조금만 생각해도 알 수 있다. 누구도 이 사실에 대해서는 부정할 수 없을 것이다. 언어의 성장은 질문에서 오는 것이지 답변에서 오는 것은 아니라는 것이다.

우리가 가지고 있는 회화책 중 잡히는 대로 꺼내서 살펴보자. 책 안에 들어 있는 전체 문장 중에서 질문의 비중이 얼마나 되는지 말이다. 질문에 해당하는 표현이 그렇게 중요한데 우리는 대부분 우리가 믿고 신뢰한 영어책들을 통해서 답변만 열심히 준비해 왔던 것이다. 이제부터는 바꿔야 한다. 다양한 질문을 통해서 영어를 익히도록 해야 한다. 내가 모르는 표현은 질문하고 그 답변을 통해서 새로운 표현을 익히면 된다.

'이미지 메이킹 잉글리시 Q' 시리즈는 전 세계에서 가장 다양하고 광범위한 영어 질문을 포함하고 있다. 우리가 일상적으로 접할 수 있는 다양한 상황에 대한 다양한 질문으로 구성되어 있고 그 질문 하나하나에 정확한 상황 설명식 답변을 제시하고 있다.

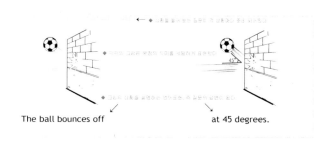

The ball bounces off   at 45 degrees.

이 책의 질문 작업을 같이 진행했었던 원어민이 이렇게 다양하고 많은 질문을 만들어 본 적이 자기도 생전 처음이라고 한 말이 기억난다. 각 상황의 질문을 반드시 만들어 내다보니 어떤 상황의 질문은 다소 억지로 만들어진 것도 아주 가끔 있다. 항상 딱 맞아 떨어지는 질문이 존재하는 것은 아니기 때문이다. 하지만 원어민 이라면 그런 상황에서 어떻게 질문을 하게 될 것인지에 대한 흐름을 알려 줄 수도 있기 때문에 그 조차도 중요하다고 볼 수 있다.

이제 '이미지 메이킹 잉글리시 Q'의 전치사 편(1,400어 문장), 동사

편(2,300여 문장)을 통해 지금까지 느껴보지 못한 다양한 상황에 대한 영어 질문의 힘으로 확장되는 무한한 영어 표현을 느껴 보도록 하자.

09

영어를 정복하는 지름길은?

영문법과 영작, 회화의 상관관계

영어 공부를 시작하려는 사람들은 우선 문법을 알아야 글을 읽고, 쓰며, 말도 체계 있게 잘할 수 있지 않을까 하는 생각을 하게된다. 결론만 말하자면 문법만 따로 공부해 봐야 영어실력 향상에 큰 도움이 되지 않을뿐더러 오히려 영어를 제대로 하는 데 더 큰 방해가 될 수 있다. 우리가 우리나라 말을 문법을 일일이 생각하면서 말을 한다고 생각해 보면 그것이 얼마나 어색한 것인지를 알수 있다. 게다가 언어적인 표현은 문법이라는 이론을 전혀 몰라도할 수 있다. 초등학생이 국어 문법을 몰라도 우리말을 잘 구사하는 것과 같은 이치다. 문법에서 정의하는 갖가지 문법적인 이론은모르지만 말을 사용하면서 자연스럽게 익혀진 언어적인 습관대로말을 하게 된다.

우선 문법에 대해 살펴보자. 문법은 우리가 사용하는 언어를 관찰해서 그 언어에서의 규칙성을 말로 표현하고 기호로 나타낸 것이다. 그럼 문법이 과연 우리가 사용하는 언어의 몇 %나 표현할 수 있을까? 문법은 우리가 하는 말의 30~40% 정도만 설명할 수 있다고 한다. 나머지는 문법에서 예외라고 말하는 부분이라고 생각하면 된다. 문법에서 예외가 없는 것은 없다. **문법은 설명을 하다가 기존의 문장 규칙으로 설명하기가 애매하면 무조건 예외라고 한다.**

이처럼 멍청한 규칙이 어디 있는가? 그럼 이것도 생각해 보자. 문법이 우리가 하는 말을 겨우 30~40% 설명해 준다는데, 그럼 우리가 그런 문법을 달달 외워서 100% 활용한다고 해도 우리는 영어의 30~40%밖에는 알지 못하게 된다.

지금도 서점에 나가보면 수많은 영문법 책이 있다. 그러나 영문법이 영어의 모든 것을 알려 주지는 못하니 그 어떤 영문법 책을 통달하더라도 제대로 된 영어 문장 하나 쉽게 만들지 못하는 것이다. 문법은 언어를 처음에 습득하기 위해서 필요한 것이 아니라 언어를 어느 정도 자연스럽게 습득한 후에 그렇게 받아들인 언어의 오류를 좀 더 없애 정확하게 다듬기 위해서 필요한 것이다. 우리가 흔히 쓰는 말에도 문법적으로 틀린 말들이 있기 때문이다. 그런 것들을 문법을 통해서 정리하면 좀 더 정확하고 깔끔한 표현이 가능하다. 문법은 선행학습이 아니라 후행 학습이 되어야 하는데 문제는 우리가 영어를 배울 때 문법을 무조건 맨 처음으로 하는 선행 학습으로 하기 때문에 문법이 제 역할을 하지 못하는 것이다.

우리가 우리나라 말의 문법을 언제 배웠는지를 잘 생각해 보면 선행 학습이어야 하는지 후행 학습이어야 하는지를 잘 알 수 있을 것이다. 우리는 국어 문법을 중학교 들어가서야 배우게 된다.

가끔은 문법에서 자유로워져라

나도 가끔은 문법책을 뒤적인다. 문법에서는 절대로 허용되지 않지만 회화에서는 허용되는 그런 표현을 보면 문법책을 보고 다시 한 번 확인한다. 'I love myself.'가 문법적으로 맞긴 하지만 일상 회화에서는 'I love me.'도 쓴다. 문법적으로는 틀리지만, 안 되지만 쓴다. 영어회화를 자유롭게 구사하기 위해서는 가끔 문법에서 자유로워져야 한다. 그리고 발음의 규칙으로부터도 자유로워져야 한다. 왜 그렇게 되는지는 몰라도 된다. 의문을 가질 필요가 없다. 그냥 보이는 대로 들리는 대로 받아들이면 된다. 그런 후에 나중에 문법책을 보면서 정리가 채 안 된 문법적인 사항들을 확인해 보면 된다. '내가 쓰는 문장이 이런 형식을 취했던 거구나', '이런 것은 이렇게 부르는 거구나' 하고 말이다. 이런 상태에서 좀 더 깊이 있는 문법을 알아두면 정말로 훌륭한 영어를 구사할 수 있다.

금상첨화란 이런 걸 두고 하는 말이다.

영어 문법책은 참고하기 위해서 만들어진 책이지 공부를 하기 위해서 만들어진 책이 아니다. 다시 말하지만 문법은 우리가 하는 말에서 나왔다. 그러므로 우리는 문법을 우리가 하는 말에서 찾아야 한다. 그런데도 우리는 문법을 통해서 처음부터 우리가 하는 말을 찾으려고 한다. 말을 전혀 할 수 없는 사람에게 문법이란 의미 없는 수학공식 외우기나 마찬가지다. 먼저 말을 할 수 있는 능력을 기르고 그 다음에 문법을 통해서 내가 하는 말을 좀 더 정확히 다듬어야 하는 것임을 명심해야 한다.

문법 없이 영어를 익힐 수 없다고 생각하는가? 우리가 흔히 하는 말로 '미국 거지도 영어를 잘한다.'라는 말이 있다. 원래 언어는 문법 없이 그냥 반복의 습관으로 받아들이는 것이 1단계이고 그 다음에 학자들이 정의해 놓은 문법이라는 규칙을 통해 좀 더 세련되고 정확한 표현으로 만드는 것이다. 우리가 중학교를 다니면서 우리나라 말을 못해서 국어 문법을 배우는 것이 아니다. 국어 문법을 통해서 우리가 하는 말 중에 문법에 어긋나는 표현들을 세련되게 다듬기 위한 것이다.

문법책은 한두 번만 읽어 보면 되는 것이고 그 다음에는 필요할 때마다 그때그때 찾아보면 된다. 우리가 한글 문법을 따로 공부하지 않고 뭔가 헷갈리면 그때 가서 문법책을 찾아보는 것처럼 말이다. 어쩌면 평생 문법적인 정의들은 몰라도 괜찮을지 모른다. 어차피 정확한 영어를 구사하는 사람이라면 그 문법을 사용하는 방식을 이미 습관적으로 알고 있을 테니까. 그리고 그 습관에서 벗어나는 말은 어색하다고 생각할 것이니 말이다.

예전에 시험 볼 때 가장 어려웠던 문제가 바로 "다음 중에서 문법적으로 틀린 부분이 있는 문장을 고르시오."였다. 예전에는 일일이 모든 문법적인 경우를 그 문장에서 생각해 봐야 했었기 때문이었다. 그러나 지금은 그런 문제가 제일 쉽다. 한번 쭉 읽어 보면 문법적으로 오류가 있는 어색한 문장은 내가 가진 영어적인 습관에 바로 걸리기 때문이다. 이유가 없다. 그냥 나는 그 문장이 어색하게 느껴지고 이렇게 사용하지 않는다고 느껴질 뿐이다.

영작과 영어회화는 별개다

많은 사람들이 영작을 잘하면 영어회화도 잘할 거라고 생각한다. 그러나 이런 생각은 정말로 오산일 수 있다. 머릿속에서 영작을 하면서 회화를 한다는 것 자체가 많은 문제가 있다. 영작은 시간도 어느 정도 충분한 데다 잘못 썼더라도 다시 고칠 수 있지만, 회화는 리얼 타임으로 이루어지는 말이기 때문에 생각할 시간도 충분치 않고 한번 뱉으면 다시 주워 담기도 어렵다. 마치 생방송과 녹화 방송의 차이라고 볼 수 있다. 그래서 회화는 영작보다 훨씬 뛰어난 습관과 익숙함이 요구되는 것이다.

물론 영작이 회화에 전혀 도움이 안 되는 것은 아니다. 단, 영작 실력이 회화 실력으로 이어지기 위해서는 전제 조건이 필요하다. 자신의 영작 능력을 입 밖으로 꺼내기 위한 과정이 있어야 하는데 자기가 할 수 있는 영작을 반복연습을 통해 몽땅 이미지화해 버려서 입 밖으로 나올 수 있도록 만들어 놓아야 한다. 구슬이 서 말이라도 꿰어야 보배인 것처럼 100개의 문장을 영작할 수 있다 해도 혀끝에서 술술 나올 수 있도록 익숙하게 만들어 놓지 않으면 거의 한 문장도 말할 수 없다. 원래 말이라는 건 상당한 반사신경이 요구되는데, 그것은 익숙함에서 나온다. 익숙하지 않은 말을 능숙하게 구사한다는 것은 거의 불가능하다.

일반적으로 영작에 익숙해져 있는 사람들은 회화를 자연스럽게 영작의 형태(문어체식으로)로 이끌어가려고 하는 경향을 보인다. 그러나 영어회화는 필요한 문장을 그때그때 만들어 사용하는 것이 아니라, 끊임없는 반복 훈련을 통해 아무 생각 없이도 입에서 튀어나올 수 있을 만큼 익숙해진 구어체 위주의 문장을 상황에 맞게 적절히 불러내 사용하는 것이다. 경우에 따라서는 여러 개의 기존 문장을 분리하고 다시 그것들을 연결해서 새로운 문장의 형태와 표현을 만들어 내기도 하지만 정확한 기존 영어 문장에서 분리한 표현들이라 콩글리시가 되지 않는다.

영어회화를 유창하게 하려면

- 아는 것과 말하는 것은 전혀 별개다

대부분의 사람들이 많은 문장을 알고 있으면 영어가 유창해질 거라고 생각한다. 그러나 결론부터 말하면 '아는 문장이 많다'는 것과 '말할 수 있는 문장이 많다'는 것은 전혀 별개의 문제다. 내가 알고 있고 작문할 수 있는 문장이 아무리 많더라도 그것들을 입 밖으로 꺼내기 위해서 노력하지 않았다면 그 문장들은 내 입을 통해서 나오지 못하기 때문이다. 예를 들어 내가 아주 좋은 최신 스마트폰을 가지고 있는데 내가 그 스마트폰의 다양한 기능을 사용할 수 없는 상태라면 전화를 걸고 받는 것 이상은 하지 못한다. 전화를 걸고 받는 것은 스마트하지 않은 구형 2G 폴더폰에서도 가능한 것이다. 아무리 유용하고 다양한 기능이 있고, 정보가 많이 들어 가 있는 최신형 스마트폰을 가지고 있다고 해도 그 기능들을 자연스럽게 이용할 수 있도록 사용방법에 익숙하지 않으면 구형 폴더폰을 가지고 있는 것이나 다름이 없다. 얼마나 기능을 많이 가지고 있는가가 중요하기도 하지만 그것을 얼마나 제대로 잘 사용할 수 있는 상태 역시 중요한 것이다.

이처럼 영어 문장을 얼마나 많이 알고 있는가도 중요 하지만 그 문장들을 제대로 사용할 수 있도록 얼마나 훈련이 되어 있는가도 역시 중요하다는 얘기가 된다.

- 아는 것부터 허끝에 달아둔다

보통 영어 학습자들이 영어를 공부하는 모습을 보면 안타까울 때가 한두 번이 아니다. 아는 문장이 나오면 바로 건너뛰고 색다른 문장이나 어려운 문장이 나오면 그것을 쓰면서 해석과 외우는 것을 반복한다. 이미 자기가 잘 아는 문장이나 그렇지 못한 생소한 문장이나 말해야 하는 상황이 되면 정작 둘 다 입에서 제대로 안 나오기는 마찬가지면서 말이다. 이미 알고 잘 알고 있는 문장은 그렇지 않은 문장보다 입 밖으로 꺼내는 것이 훨씬 쉽다. 그래서 어려운 영어 문장보다는 자기가 이미 아는 쉽고 익숙한 문장부터 입 밖으로 꺼낼 준비를 해야 한다. 그게 백배 더 쉽고 능률적이다. 만약 누가 나에게 와서 현재 자신의 영어실력을 급상승시키는 최고의 비결을 물어본다면 나는 이렇게 말할 것이다. '하고 있던 영어 공부를 중단하고, 지금 당장 현재 잘 알고는 있지만 입 밖으로 나오기 힘든 영어 문장들부터 반복해서 입 밖으로 끄집어내는 훈련을 하라!'고 말이다.

난 말을 할 때 정확한 느낌이 오질 않고 그 문장이 조금이라도 어색하게 느껴지면 허끝에 달렸다는 표현을 쓰지 않는다. 따라서 아무리 쉬운 문장이더라도 반복해서 읽고 또 읽으면서 익숙하게 되도록 연습한다. 그러면 나중에 실전에 부딪혔을 때 그 문장들이 자연스럽게 내 입을 통해서 나온다. 내가 어색하게 느끼는 문장은 결코 내 입을 통해서 부드럽게 나오질 않게 된다.

- 내 영어의 유창함의 비결, 철저한 단골 관리

모두가 그런 것은 아니지만 장사를 하는 사람들은 새로 오는 손님에게는 간이라도 빼줄 것 같이 잘해 주면서 단골한테는 오히려 소홀한 경우가 있다. 내 경험상 이런 가게는 오래가지 못한다. 단골 고객이야말로 가게 수입의 안정화를 맞춰 주는 소중한 자산인데, 그들을 소홀히 했으니 그 가게의 수입이 흔들리는 것은 너무도 당연한 일이 아니겠는가.

만약 식당 안에 한 자리밖에 없는데, 처음 오는 손님과 단골 고객이 같이 들어왔다면 누구에게 먼저 관심을 가져야 할까? 처음 오는 손님이라고 생각했다면 장사할 생각은 걷어치우는 게 좋다. 절대로 단골손님이다. 단골손님이니까 이해해 주겠지 하고 처음 오는 손님을 잡는다면, 그 단골은 이해는 하면서도 기분이 상할 것이다. 관계가 친할수록 더 잘해 줘야 한다. 친할수록 서로에게 바라는 것이 많기 때문이다.

처음 오는 손님에게 "저 분은 우리 단골인데…" 하면서 양해를 구하면 그 손님은 기다리는 게 좋진 않겠지만 그래도 '이 집 단골이 되면 대우는 좋겠구나.' 하고 생각할 것이다. 단골은 단골대로 대우를 받아서 기분이 좋을 거고, 그래서 한 번 단골은 영원한 단 골이 되는 것이다.

다시 본론으로 돌아가서, 난 내가 알고 있는 영어 문장을 더 열심히 공부한다. 내가 알고 있는 문장이지만 다시 나오면 결코 그냥 지나가는 법이 없다. 발음도 고쳐 보고 부드럽게 나오는지 반복해서 말해 본다. 나는 새로운 문장들 역시 소중히 여기지만, 그보다는 내가 알고 내가 평소에 쓰는 문장들을 더 소중히 여긴다. 내가 항상 쓰는 문장들이야말로 나의 영어를 유지시켜 주는 중요한 역할을 하기 때문이다.

- 단골 문장 관리에 신경 써라

우리는 많은 분량을 공부해야 한다. 그러나 공부를 아무리 열심히 하더라도 머리에 각인되고 익숙하지 않으면 머릿속에서 떠돌아다닌다. 그런 상태에서 계속 새로운 것을 받아들이면 우리의 머리는 기억할 수 있는 한계에 다다르게 되고, 그러면 새로 들어간 정보의 양만큼 이미 있던 정보가 빠져 나가게 된다. 이건 단골 관리를 잘못 하는 것이다. 오직 새로 오는 손님에게만 신경을 쓰니 단골이 빠져나가는 것이다. 단골 관리를 잘해야 한다. 요컨대 내가 이미 알고 있는 더 익숙한 문장들을 철저히 내 것으로 만들어서 머릿속에 안정감 있게 가라앉혀 누적시켜야 새로운 영어를 받아들여도 밀려서 빠져나가지 않는 것이다. 확실히 새롭게 들어오는 문장들은 더 많은 시간이 지나야 익숙해진다. 하지만 이미 내 머릿속에 있고 어느 정도 익숙한 문장들은 조금만 신경 써 주면 바로 유창해지는 것들이고 나의 영어 실력을 금세 변화 시켜 줄 중요한 역할을 하는 것들이다.

- 단골 문장이 새로운 문장을 끌고 온다

영어회화를 할 때 실수하기 쉬운 것은 사소한 시제의 일치나 주어 동사의 일치가 대부분이다. 예를 들면 시제에서는 'I go to school yesterday.'라든지, 일치에서는 'She have to go to school.' 뭐 이런 정도다. 이런 오류가 있는 문장들은 우리가 몰라서 틀리는 것이 아니라 익숙지 않기 때문에 틀리는 것이다. 만약 내가 정확한 문장의 형태를 만들어 내는데 정말 익숙하다면 이런 이상한 문장은 혀에 걸려서 발음이 잘 안 되거나 금방 어색하게 느낄 것이다. 그래서 입에서 나오기 전에 바로 오류를 수정할 수 있게 된다. 하지만 이런 것들이 평소에 훈련되어 있지 않은 학습자들은 'You are'와 'You is' 중 문법적으로 어느 것이 틀리고 맞는지는 알고 있지만 익숙하지 않기에 간혹 'You is'라고 말하는 순간에도 전혀 껄끄러움을 느끼지 못하게 되고 순간적으로 오류가 있는 영어 표현을 만들어 내게 된다.

"What does your name? What does you think of that situation?"

이런 문장을 읽는 즉시 이상하다고 느끼지 못하는 사람은 지금 내가 지적한 부분이 부족한 사람들이다. 읽으면서 바로 오류가 있는 부분을 느끼고 그 오류가 부분을 순간적으로 더 익숙하고 정확한 표현으로 자동으로 바꿔서 읽을 수 있도록 되어야 한다.

(What is your name? What do you think of that situation?)

내가 이미 알고 있는 기초적인 문장들을 반복 훈련함으로써 문장에서의 이런 간단한 실수들은 고칠 수가 있다. 단골 문장들을 소홀히 대해서 이런 말들이 우리를 떠나 버린다면 우리는 영원히 "나는 어제 학교를 간다."와 같은 문장을 말해야 할 것이다. 다시 한 번 강조하지만 내 영어를 유창하게 하는 것은 내가 이미 아는 문장(단골 문장)의 관리를 어떻게 하는가에 달려 있다. 그 문장들을 반복 훈련을 통해 완벽하게 내 것으로 만든 다음 새로운 문장을 맞을 준비를 하라. 그러면 그 문장은 마치 단골이 새로운 손님을 데리고 오듯 단골 문장들은 새로운 문장들을 몰고 올 것이다.

10

내 영어를 업그레이드하는 다섯 가지 방법

첫째, 짧은 문장에 강해야 긴 문장에도 강하다

- 영어를 이루는 토대, 순수 문장

영어를 잘하려면 문장을 많이 알고 있어야 한다는 것 정도는 이제 누구나 알고 있다. 그래서 많은 사람들이 길고 어려운 표현이 많이 실려 있는 책으로 영어를 공부한다. 확실히 영어를 잘하려면 좋은 문장을 많이 알고 있어야 한다. 하지만 여기서 말하는 좋은 문장이란 의미가 심오하고, 어휘가 화려하고, 문법적 요소가 많이 들어가 있는 길고 복잡한 문장들이 결코 아니다. 좋은 문장이란 짧지만 내가 하고 싶은 말을 잘 표현해 주는 문장으로, 이런 문장에 능숙해야 긴 문장에 강해질 수 있다. 처음부터 욕심내서 길고 어려운 문장을 공부해서는 결코 긴 문장에 강해질 수 없고 영어도 잘할 수가 없다.

예를 들어 "If you know the answer, raise your hand."라는 말을 보자. 이 문장에는 'You know the answer'와 'Raise your hand.'라는 두 개의 짧은 문장이 접속사 'if'에 의해서 연결되어 있다. 그런데 이 문장을 통째로 외운다면 힘든 것은 둘째 치고서라도, 일단 한 번 응용이 된 문장이기 때문에 그 문장을 다시 다른 형태로 응용하는 것이 몇 배나 더 힘들다. 하지만 내부의 두 문장을 따로따로 알고 있으면 나중에 여러 가지 다른 형태로 응용하는 것이 훨씬 수월해진다. 이를테면 "If you know the answer, don't speak anything."이나 "Let me know it by raising your hand." 이런 문장들처럼 응용이 가능해진다.

둘째, 가급적 반대되는 문장도 함께 공부하자

삼라만상에는 음과 양이 있어 서로가 조화를 이루면서 우리가 사는 세상을 유지시켜 준다. 남자가 있는가 하면 여자가 있고, 떠나는가 하면 도착하고, 만나면 이별하고, 오르막길이 있으면 내리막길이 있다. 갑자기 거창하게 웬 음양론이냐고? 영어 공부에도 음양의 조화가 필요하단 말을 하고 싶어서다.

한번은 영어 공부를 나름대로 열심히 하는 친구들에게 이렇게 물어 본 적이 있다. "영어로 '손을 들어.'를 어떻게 하는지 알아?" 그러니까 "나를 어떻게 보냐?"는 둥 "나를 시험에 들게 하지 말라." 는 둥 난리를 치면서 답은 모두들 정확하게 "Raise your hand." 하고 말했다. 이어서 바로 "그럼 '손을 내려.'는 어떻게 표현하지?" 하고 묻자 대부분이 뜨악한 표정을 지으며 "그냥 'down' 쓰는 거 아니냐?" 하고 얼버무렸다. 정확한 답은 "Lower your hand." 혹 은 "Get your hand down."이다. 이런 상황은 웃기는 얘기지만 어 떤 원어민에게 손을 들게 했다가 내리라는 말을 못해 손을 내리게 하기 위해 온갖 몸부림을 해야 하는 그런 사태를 빚을 수도 있다.

이제부터라도 영어를 공부할 때는 가능한 반대 문장을 함께 공 부하는 것이 효과적이다. 그렇지 않으면 나중에 원어민과 대화할 때 반쪽이 없어서 엄청난 공허감과 낭패감을 맛보게 될 것이다.

'커튼을 달다'는 'hang the curtains'다. 그럼 '커튼을 떼다'는? 그 것은 바로 'take down the curtains'다. 알고 있으면 쉽지만 모르 면 'detach the curtains'라는 유창한 콩글리시가 튀어나오기 십 상이다. 이 문장이 잘못된 것은 문법적으로 틀렸다는 것이 아니 라 원어민이 이렇게 사용하지 않는다는 데 있다. 우리는 문법적으 로는 문제가 없지만 원어민이 사용하지 않는 영어 아닌 영어(콩글 리시)를 사용하는 데서 벗어나지 못하는 가장 큰 문제를 가지고 있 는 것이다.

셋째, 영어가 가진 뉘앙스를 있는 그대로 받아들인다

영어회화를 공부하는 사람들에게는 한 가지 묘한 공통점이 있는데, "이 한국말을 영어로 하면 어떻게 되나요?"라는 질문을 자주 한다는 점이다. 이를테면 "정말 원통해 죽겠다."라는 말을 영어로 하면 어떻게 되느냐고 묻는 식인데, 그런 질문을 받을 때면 난참 난감해진다. 그래서 대충 비슷한 의미의 표현을 가르쳐주면 "그건 느낌이 약해요. 뭔가 우리나라 말과 딱 맞아 떨어지는 다른 표현 없어요?" 하고 다시 묻는다. 정말 미칠 노릇이다. 우리말의 느낌과 딱 맞아떨어지는 표현을 찾고 싶어 하는 그 마음은 이해가 간다. 그러나 영어권 사람들은 우리와는 문화와 정서가 많이 다르기 때문에 사용하는 표현의 뉘앙스도 많이 다를 수밖에 없다. 그걸 무시하고 우리말과 똑같은 뉘앙스의 표현을 억지로 만들다 보면 원어민들은 실제 사용하지 않는 우리나라 말을 그대로 영어로 옮긴 영어 아닌 영어(콩글리시)가 된다. 우리나라 말을 그대로 영어로 옮기려고 하지도 말고 영어를 우리나라 말로 이해하려고 하지 않는 것이 좋다. 영어는 영어 자체의 뉘앙스를 가지고 이해하려고 하는 것이 가장 좋고, 그래야 오류가 없다.

우리는 '시간이 약이다.'라고 표현하는 것을 영어에서는 'This too will pass away.'라고 표현하는데 이걸 'Time is medicine.'라고 하게 되면 유창한 콩글리시가 되는 것이다.

- 자주 접하면 어색함도 익숙함으로 바뀐다

영어를 공부하다 보면 어색하거나 낯설게 느껴지는 문장을 종종 접하게 된다. 여기서 말하는 어색한 문장이란 긴 문장이나 어려운 문장을 가리키는 것이 아니라, 순수 문장이지만 우리의 언어 습관과는 잘 맞지 않는 그런 문장들을 말한다. 예를 들어 'He survived the war.'나 'Can you help me with my homework?', 'He caught me by the neck.' 같은 문장들은 한국식 언어적 습관으로는 받아들이기 쉽지 않은 우리가 어색하게 생각하는 문장 형태들이다.

우리는 보통 이런 문장들을 만나면 우리의 언어적인 습관에는 어색하기 때문에 그냥 뛰어넘거나, 좀 더 익숙한 형태로 바꾸거나, 나중에 봐야지 하며 미뤄둔다. 그러나 이런 문장들일수록 원어민들이 많이 사용하기 때문에 그냥 넘어가서는 안 된다. 예를 들어 'He caught me by the neck.'는 'He caught my neck.'으로도 쓸 수 있다. 우리는 물론 뒤의 문장의 형태를 더 자연스럽게 받아들이지만 원어민들은 앞의 표현을 더 즐겨 사용한다.

문장이 어색하고 낯설게 느껴진다는 것은 많이 접해보지 않았다는 것을 의미한다. 그러나 그것도 자주 접하면 어색함도 익숙함으로 바뀌는 법. 어색한 문장이 나오면 그 문장을 건너뛸 것이 아니라 계속 그 문장을 반복하고, 그런 문장 형태를 다른 곳에서도 찾아보면서 익숙해지게 만들어야 한다. 우리 언어에는 그런 식의 표현이 없기 때문에 어색하게 느껴지는 이런 문장의 유형은 집중 공격을 하지 않으면 좀처럼 자연스럽게 받아들여지지 않는다.

넷째, 메모 잘하는 사람이 영어도 잘한다

- 영어 고수의 메모하기 노하우는 바로 이것

나는 항상 메모를 한다. 그리고 항상 중얼거린다. 내가 아는 것과 조금이라도 다른 문장이 나오면, (요컨대 다른 단어가 쓰였다든지 응용이 약간 다른 방식으로 되었다든지 하면) 난 무조건 적는다. 이때 난 절대 한글로 해석을 달아 놓지 않는다. 나중에 무슨 뜻인지 모를 것 같은 문장이면 이미지를 얻을 수 있는 'key word' 실마리만 조금 써 놓는다. 그리고 그것을 시간이 나는 대로 다시 보면서 외워 둔다.

보통 메모하는 방식을 살펴보면 십중팔구는 'It sucks to be you! → 쌤통이다!' 이런 식으로 해석을 적어 놓는다. 하지만 영어를 바로 한글에 연결시키는 이런 해석 방식은 절대로 쓰면 안 된다. 나중에 다시 봤을 때 그 문장의 뜻이 생각날 수 있도록 핵심이 되는 키포인트나 힌트, 아니면 그 말이 쓰였던 분위기나 그 말이 사용되는 상황을 적어 놓는다. 그래야 해석하지 않고 영어 문장을 이미지로 느낄 수 있다. 예를 들면 이런 식이다.

"It sucks to be you."
→ 어떤 사람이 실수를 하거나 난처한 상황에 처했을 때 곯려주면서 사용할 수 있는 말이다. 일종의 빈정거리는 말이다. 평소 나를 곯리던 Jennings가 도망가다가 탁자 다리에 발을 부딪쳤을 때 내가 곯려 주면서 이 말을 사용했다.

이런 식으로 적어 놓으면 이것이 중요한 실마리 역할을 해 나중에라도 그 표현을 분위기와 이미지를 정확히 느낄 수 있다. 물론 나중에 키포인트나 힌트 없이도 다시 정확하게 그 문장이 쓰이는 상황이나 이미지가 생각날 것 같으면 영어 문장만 적어 놓는다.

또 한 가지 예를 들어 보자. "Settle down!"이란 표현을 접했는데, 나중에 잘 생각이 나지 않을 것 같으면 옆에다가 'Settle down! = Calm down!(상대방을 진정시킬 때 하는 말)' 정도로 적어 놓는다. 그림으로 표현이 되는 문장들은 그림을 그려 넣는 것도 아주 좋은 방법이기는 한데, 개인의 능력에 따라서 할 수 있는 방법이니 메모를 요령껏 잘하는 것이 좋다. 요컨대 메모란 내가 접하는 영어 문장들을 나중에 쉽게 이미지화시킬 수 있도록 그 문장이 어떤 경우에 어떤 용법으로 쓰이는지를 그림이나 상황 설명 등으로 기록하는 것이다. 메모할 때는 그 문장의 이미지를 확실히 느낀 상태에서 메모하되 나중에 다시 보더라도 그 이미지를 정확히 떠올릴 수 있도록 메모하는 것이 중요하다.

- 살아 숨 쉬는 표현들을 내 것으로 만들자

아리랑 TV를 보다 보면 한국어를 가르치는 프로그램이 있다. 그 프로그램을 보면 이런 말이 나온다. 식당에 들어간 손님이 어색하게 주인이 있는 카운터로 간다. 그리고 더 어색하게 "볶음밥 있어요?" 하고 물으면, 주인은 "아니요, 볶음밥 없어요." 하고 말한다. 그러면 손님은 "그럼 김치찌개 있어요?" 하고 묻고, 주인은 다시 "아니요, 김치찌개도 없어요." 하고 말한다. 손님이 다시 "그럼 뭐 있어요?" 하고 물으면 주인은 "볶음밥하고 김치찌개 말고는 다 있어요." 하고 말한다. 이상한 대화의 이상한 식당이다. 하지만 원어민이 우리말을 배울 때 이런 표현을 안 배울 수는 없다. 이런 표현이 바탕이 돼야 나중에 자연스러운 대화를 할 수 있기 때문이다. 물론 끊임없는 노력으로 이런 정형화된 기본 문형에 계속 살을 붙여 가야겠지만 말이다.

우리가 공부하는 영어 교육 프로그램이나 책도 위에서 말한 아리랑 TV의 한글 교육 프로그램에서 크게 벗어나 있지 않다고 생각한다. 초보자를 대상으로 하는 경우가 많은 만큼 어법이나 문법에 딱 맞아 떨어지는 정형화된 문장이나 표현 위주로 갈 수밖에 없기 때문이다. 따라서 살아있는 영어와는 어느 정도 거리가 있을 수밖에 없다. 그래서 우리가 공부하는 영어책을 원어민에게 보여 주면 그들은 상당수의 표현이 자기들이 잘 쓰지 않는 표현이라고 말하는 경우가 종종 있다.

영어책에 나와 있는 정형화되고 어색한 표현들 사이사이에는 일상생활에서 살아 숨 쉬는 정말 무수히 많은 표현들이 숨어 있다. 하지만 한정된 책 안에 그 많은 표현들을 다 담을 수는 없다. 따라서 우리는 우리의 표현력을 더 풍부하게 살찌워 줄 나름대로의 방안을 강구할 필요가 있다. 가장 효과적인 방법은 센딕을 이용해 언제 어디서나 다양한 영어 문장의 패턴과 변화를 검색하고 익혀 내 것으로 만들어 놓는 것이다.

영어 학원,
영어 모임에 대하여

　유치원생부터 대학생, 직장인에 이르기까지 영어는 더 이상 선택이 아니라 한국인 모두 동 시대를 살아가는 데 필요한 생존 과제가 된 듯하다. 이런 세태를 반영해서인지 주위에 온-오프를 막론하고 많은 영어 모임들이 생겨났다. 그리고 많은 학생들이 그런 모임에서 나름대로 열심히 공부하면서 만족을 느끼고 있다. 하지만 난 이런 모임에 회의적이다. 우리가 쓰는 콩글리시의 대부분이 바로 이런 영어 모임에서 만들어지는 경우가 많기 때문이다.

콩글리시 제작소 - 한국인들만의 영어 모임

　대학교마다 많은 영어 스터디 모임이 있고 인터넷 카페 등을 통한 모임도 많다. 운이 좋으면 원어민과 함께 하는 경우도 있지만 원어민이 있건 없건 이런 모임은 콩글리시의 제작소로 전락해 버릴 가능성이 크다.

　대부분의 영어회화 모임은 한국인들끼리 어려운 영어잡지 같은 것을 읽으며 그에 관한 주제를 잡아 영어로 토론하는 식으로 운영되곤 한다. 문제는 영어실력이 상당한 사람들끼리는 이런 방법이 효과적이고 영어실력을 향상시킬 수 있는 좋은 기회가 될 수 있지만 그렇지 않은 사람들끼리는 서로가 콩글리시를 주고받을 수 있다는 데 있다. 영어 모임의 멤버들은 영어를 배우고 싶어서 나오는 사람들, 즉 실력이 부족하거나 외국에 잠깐 어학연수 갔다 온 사람들이 대부분이다. 영어의 기초가 아직 튼튼하지 않은 이들이 회화에 별로 도움이 안 되는 어려운 책이나 잡지, 신문의 내용을 주제로 삼아 이야기를 한다. 그러다보니 쉽게 자신이 영어로 말할 수 있는 영역을 벗어나게 되고, 여기서부터 콩글리시를 마구 만들어 내게 된다. 평소 갈고 닦은 문법과 어휘 실력을 총동원해 새로운 문장을 즉흥적으로 만들어 내는데, 영어적인 사고방식이 뒷받침되지 않은 상태에서 만들어낸 그 문장은 유창한 영어가 아니라 유창한 콩글리시이기 십상이다.

한국적 사고방식이 만들어낸
기적의 영어, 콩글리시

　한 가지 놀라운 사실은 말하는 사람이 처음 사용해 보는 급조한 영어 표현을 듣는 사람이 용케 알아듣고 그에 응해 준다는 것이다. 단어 선택도 어색하고, 어법이 틀린데도 말이다. 말하는 사람도, 듣는 사람도 같은 사고방식, 즉 한국적 사고방식을 가진 데다 같은 주제를 놓고 토론하고 있으니 모든 상상력을 동원해서 그 말을 이해하고야 마는 것이다. 난 가끔 그런 상황을 목격할 때 기적이 따로 없다고 생각한다. 원어민도 못 알아듣는 영어 아닌 영어를 한국 사람이 알아들으니 기적이랄 수밖에. 게다가 콩글리시를 말한 사람은 상대방이 자기 말을 알아듣고 응수해 주는 것을 보고 '아, 내가 영어를 제대로 구사하는구나.' 하고 생각하며 뿌듯해한다. 콩글리시인데도 상대방이 아무 거리낌 없이 받아들이는 그 순간, 콩글리시는 'English'로 여겨지게 된다. 설상가상으로 그 말을 듣고 응대해 준 사람도 '저 사람이 저런 표현을 쓰는 걸 보니 저렇게 써도 되는 건가봐.'라고 생각한다. 모두 영어 표현을 들어서 정확히 판단할 능력이 없기 때문에 생기는 현상이다. 결국 이런 식으로 영어회화 모임의 멤버들은 서로서로 유창한 콩글리시를 주고받으며 점점 더 콩글리시를 반복하게 되고 익숙하게 된다.

　원어민이 모임을 주도한다 해도 사정은 크게 다르지 않다. 모임에 참석하는 대부분의 원어민은 대화를 이끄는 주도적인 역할을 하는 것이 아니라 한국 학생들의 대화에 끼어들어서 추임새를 넣는 역할을 한다. 원어민이 직접 학생들의 대화를 철저히 감시하고, 혹시나 콩글리시를 사용하면 곧바로 그 말의 정확한 영어 표현을 알려 주어야 하겠지만, 틀린 부분을 일일이 교정해 주다가는 대화가 진행되지 못한다. 생각해 보라. 사람들이 하는 말마다 틀리고, 한 문장 안에서 3~4개씩 오류가 생긴다면, 거기다가 말까지 많다면(이런 학생들 정말로 많다. 엉터리 영어를 구사하면서 말은 정말로 많이 한다.) 그 말을 듣고 있다가 틀린 부분을 모두 교정해 주고 싶을까? 글쎄, 교정해 주고 싶다고 해도 너무 많아서 한참이 걸릴 것이다. 가끔 하는 실수는 다른 사람으로 하여금 고쳐 주고 싶은 안타까움을 유발하지만 연속적인 실수는 듣는 이로 하여금 포기하게 만든다.

이 문제는 영어학원에서도 마찬가지다. 원어민이 있는 영어 학원 수업시간에서도 우리가 만들어내는 콩글리시가 장악하고 있다. 원어민 선생은 그것이 틀린 것임을 알면서도 일일이 교정을 해 주면 끝이 없을 것 같고, 수업 진행이 어려우므로 그냥 응수를 해 준다. 이것은 또 다른 안 좋은 상황을 만든다. 원어민이 자신의 콩글리시를 듣고 응수를 해 주면 학생은 자기가 한 말이 100% 정확한 영어 표현이라고 신임하기 때문이다.

"How does your family become?"

(가족이 어떻게 되세요?)

내가 아는 한 원어민 선교사가 내게 도대체 "How does your family become?"의 뜻이 뭐냐고 물은 적이 있다. 나는 그 말을 금방 이해할 수 있었다. 그리고 그 순간 이 세상에서 가장 완벽한 콩글리시를 만났다는 경이감마저 들었다. 그 말은 "가족이 어떻게 되세요?"였다. 원래 이 말은 "How many members do you have in your family?"라고 해야 하고 간단히 "How many in your family?"아니면 그냥 "Tell me about your family."라고 하면 된다.

1. **'가족이 어떻게 되세요?'→ 'How does your family become?'**

   경이롭다. 문법적으로도 완벽하다. 한국 사람이라면 누구나 이 영어를 알아들었겠지만 원어민은 전혀 이 말을 이해하지 못한다. 원어민은 알아듣지 못하고 우리만 알아듣는 영어는 영어가 아니라 단지 우리말 방언일 뿐이다 제주도 방언 같은 색다른 방언 말이다. 이런 게 또 있다.

2. **'시간이 약이다.'→ 'Time is medicine.'**

   이 말은 영어로 'Time cures everything.'이나 'This too will

pass away.'라고 말하면 된다. 'Time is medicine'이 우리나라 사람들에게는 '시간이 약이다.'라고 들리지만 원어민들은 이런 표현을 쓰지 않아 전혀 다른 이미지로 들린다. 예를 들어 '시간은 우황청심환이다.' 식으로 들려 금방 이해할 수 없는 것이다. 혹자는 한국 사람인데 콩글리시를 좀 쓰면 어떠냐고 말하기도 한다. 그건 그렇다. 하지만 그것은 내가 무슨 목적으로 영어를 하는가에 따라 달라진다. 난 남들처럼 대충하는 영어가 아니라 'Native speaker' 처럼 프로 수준의 준수한 영어를 하고 싶다. 난 내 영어로 한국 사람들을 감동시키고 싶지 않다. 또한 내 영어가 한국 사람들을 완벽히 이해시키기를 바라지도 않는다. 난 내 영어가 영어를 모국어로 하는 사람들에게 자연스럽게 받아들여지고, 그들을 이해시킬 수 있기를 원한다. 내가 영어를 공부하는 목적은 원어민들을 상대하기 위해서지, 결코 한국 사람을 상대하기 위해서가 아니다. 한국 사람을 완벽히 이해시킬 수 있는 언어는 영어가 아니라 한국어다.

간혹, 영어가 한국에 들어오면 콩글리시화 되는 게 당연하지 않냐며, 그것이 바로 주체성이라고 주장하는 사람도 있다. 하지만 난 영어를 모국어로 사용하는 사람들을 완벽하게 사로잡아 그들을 우리의 생각에 맞게 설복시키는 것이 주체성이라고 생각한다. 내게는 한국 사람끼리 훌륭한 한국말을 놔두고 자기들끼리만 통하는 이상한 영어(?)로 대화하는 것이 이상하게만 보인다. 영어를 하는 목적이 우리끼리 의사소통을 하기 위해서인지, 아니면 원어민을 상대하기 위한 것인지 한번쯤 생각해 봐야 한다.

영어 학원, 영어 클럽을 제대로 활용하려면

오늘도 많은 친구들이 영어 학원이나 영어 모임을 찾아 열심히 공부를 하지만, 들이는 시간과 노력에 비해 실력이 쑥쑥 느는 것 같지도 않고, 앞에서 설명한 것과 같이 엉뚱한 콩글리시에만 익숙해질 우려도 있다. 그렇다고 영어를 혼자서 벽만 바라보면서 공부할 수도 없는 노릇이다. 다시 말하지만 영어는 사람과 사람사이의 의사소통을 위한 언어이기 때문에, 사람들과 직접 부대끼며 경험을 축적해 가는 과정이 반드시 필요하다.

- 모르는 건 죄가 아니다, 아는 체 하는 게 병이다

자신의 실수와 무지를 인정하는 용기야말로 영어를 공부하는데 가장 필요한 용기다. 영어 학원이나 영어모임에 가보면 많은 사람들이 무표정한 채 수동적으로 그냥 앉아서 듣기만 하는 모습을 흔히 볼 수 있다. 가끔 얼굴에 미소를 지어가면서 이해한다는 듯이 고개를 끄덕이긴 하지만 앉아 있는 마음이 썩 편한 건 아니다.

혹시 자기에게 어떤 것을 물어보지나 않을까 두려워하면서 말이다. 그들이 고개를 끄덕이는 건 이해해서가 아니라 단지 표정관리일 뿐이다. 좀 심하게 얘기하면 모르는 데도 아는 체를 하는 것이다. 혹 짓궂은 원어민이 그것을 알아채고 "What did I say?"라고 되물으면 그들은 어쩔 줄 몰라 하면서 1년 치 식은땀을 한꺼번에다 흘린다. 이들은 실수할까 봐 혹은 자기의 무지가 탄로날까 봐 스스로 궁금한 것들을 전혀 물어보질 않는다. 따라서 아무도 가르쳐 주질 않는다. 이런 사람들의 영어는 1년이 지나도 2년이 지나도 별로 나아지는 게 없다. 하지만 용기가 있는 사람은 다르다. 그는 실수를 전혀 두려워하지 않는다. 알아듣지 못했거나 잘 모르는 게 있으면 그 자리에서 바로 질문한다. 실력이 하루가 다르게 변할 것은 불을 보듯 뻔하다.

사실 물어보는 건 창피한 일이 아니다. 정작 창피한 건 아는 체하다 들통 났을 때다. 아무리 표정 관리를 잘해도 모르는 건 금방 들통 난다. 미소를 지으며 아는 체 끄덕여도, 이해하고 웃는 웃음과 그렇지 않은 웃음은 질이 다르다. 학생이 이해하지 못했다는 것을 알면서도 이해시키기 어려울 거라고 생각하기 때문에 강사도 속아 주는 것이다. 강사 역시 표정 관리를 하는 것이다. 이런 식으로 서로 배려 아닌 배려를 하다 보면 가르치고 배우는 게 아무 것도 없다. 이제부터라도 모르는 게 나오면 그 자리에서 바로 물어보는 습관을 가져라. 모르는 건 죄가 아니다. 아는 체 하는 게 병이다.

- 영어 학원을 배우는 공간이 아니라 실습하는 공간으로 활용한다

학원을 다니는 친구들을 보면 대부분 뭔가를 배우기 위해 간다. 그래서 그냥 가서 학원 교재에서 알려 주는 것만 배워 온다. 그러나 이런 식으로 학원을 다니면 아무리 오래 다녀도 절대로 자신이 바라는 단계에 올라설 수 없다. 학원은 돈을 내고 수업을 통해 정당하게 원어민을 만날 수 있는 유일한 열린 공간으로, 원어민에게 배운다는 사실만으로 만족하기에는 너무나 아까운 공간이다. 배운다는 소극적인 자세보다는 내가 공부한 것을 써먹어 본다는 적극적인 자세로 수업에 임해야 한다.

무엇보다도 수업시간에 배우는 것은 덤이라는 생각을 갖는 것이 중요하다. 수업 분위기를 망치지 않는 범위 내에서 자신이 평소 공부한 영어를 써보면서 그때그때 발생하는 문제점이나 원어민의 반응을 정리해 두는 것이 좋다. 결국 이런 것들이 내 영어를 살찌우는 자산이 된다. 영어 학원이나 영어 모임에 뭔가를 배우기 위해서 가는 학생과 이미 익힌 영어를 써먹으러 가는 학생은 마인드 자체가 다르기 때문에 시간이 지나면서 실력 차가 점점 벌어질 수밖에 없다.

영어를 잘하려면 반드시 원어민과 접촉하되, 단순히 만나는 데 만족하지 말고 그 시간을 가장 효과적으로 활용해야 한다. 내가 공부하고 준비한 영어를 실습하는 기회라고 생각하자. 이때 서로

가 콩글리시를 주고받지 않도록 주의해야 한다. 말하는 능력이 부족한 사람은 말을 능력 이상으로 억지로 만들기보다는 어떤 주제가 되는 단어가 들어간 문장들을 수집해 와서, 그 문장을 정확히 응용할 수 있는 범위 내에서 바꾸어 가면서 훈련하는 것이 효과적이다. 이때 원어민이 일일이 간섭해서 문장의 응용에 대해서 설명해 준다면 더할 나위 없이 좋을 것이다.

충분히 준비하지 않고 그냥 가서 앉아 있다 오면 앞으로도 쭉 앉아만 있다 오게 된다. 어학연수도 마찬가지다. 외국에 나가서 공부하면 어떻게든 되겠지 하고 무작정 떠나는 사람 중에 영어 잘하는 사람 못 봤다. 해외로 떠나기 전에 발음 교정도 하고 기본적인 의사소통에 필요한 영어 문장을 잘 준비한 사람들이 정말로 효과를 보는 게 어학연수다. 어학연수야말로 배우러 가는 것과 실습하러 가는 것의 확연한 차이를 단적으로 보여주는 사례라고 볼 수 있다.

- 실수는 나의 힘!

영어, 어떡하면 정말 잘할까? 우리는 앞에서 실습하는 것과 배운다는 것을 구분했지만, 사실 실습과 배운다는 것은 서로 다른 게 아니다. 실습이야말로 적극적인 의미에서의 배움 그 자체인 것이다. 우리는 실습을 통해서 실수를 하고 바로 그 실수로부터 뭔가를 배운다. 영어를 공부하면서 내가 느낀 최고의 스승은 원어민도 아니요, 좋은 책도 아니었다. 그것은 바로 내가 저지르는 무수한 실수들이었다. 내가 저지르는 실수보다 나를 올바르게 잡아주고 나를 실질적으로 가르쳐 주는 스승은 없다.

모든 것에는 언제나 양면이 있다. 실수를 두려워해서 어떤 시도를 주저한다면 실수는 하지 않을 수 있지만, 그만큼 얻는 것도 없다. 멀찌감치 피해 있으면 안전할진 몰라도 공격다운 공격을 해보기란 어렵다. 실수도 마찬가지다. 실수를 철저히 파악하고 마음에 새기지 않으면 실수를 하는 아무런 의미가 없다. 똑같은 실수를 계속 반복하면 사람만 괜히 실없어진다. 내가 어떻게 받아들이느냐에 따라 실수는 최고의 스승이 될 수도 있고, 최악의 적이 될수도 있다. 실수의 주인이 되느냐, 실수의 노예가 되느냐는 순전히나에게 달려있는 것이다.

용기를 가지고 실수를 저지르는 것을 두려워 말아야 한다. 단, 같은 실수를 되풀이하지 않도록 확실히 해 두어야 한다. 내가 실수를 저지르고 그 실수들을 극복하는 만큼 나는 영어에 한발자국씩 더 다가서는 것이다. 한두 번의 실수는 습관으로 변하지 않지만 그 이상의 실수는 안 좋은 습관으로 고정될 수 있다. 실수가도움이 될 수 있는 것은 두 번 이상의 같은 실수를 하지 않도록했을 때뿐이라는 것을 잊어서는 안 된다.

⑫ 아무에게도 어학연수 갔다 왔다고 말하지 말라

영어에 한이 맺힌 사람들이 많긴 많은가 보다. 필자가 운영하는 커뮤니티 사이트 'SENDIC.NET'의 회원가입 때 자기소개에 가장 많이 쓰는 내용이 바로 "영어에 한 맺힌 사람입니다."인걸 보면 말이다. 그 때문인지 요즘은 거금을 들여 어학연수를 받고 오는 사람들이 정말 많다. 요즘은 초·중·고생도 방학을 틈타 연수를 다녀온다. 그 가운데 가끔 정말 잘 배워 와서 센스 있게 영어를 구사하는 사람도 있다. 하지만 불행히도 대부분의 사람들은 그렇지 못하다. 일단 외국에 나가면 영어가 늘겠지 하는 생각, 돈이 들어 간 것만큼 효과가 있겠지 하는 생각으로 아무런 준비 없이 외국에 나간다. 이런 사람들은 대부분 결국 외국에 나와도 영어는 안 되는구나 하고 느끼게 된다.

어학연수, 이보다 더 나쁠 순 없다

　내 생각에 외국에서 1년을 체류하려면 적어도 국내에서 1년 이상의 기간 동안 준비를 해야 한다. 어느 정도 자기 의사를 영어로 확실히 표현할 수 있는 상태에서 외국에 가야 어학코스를 밟든, 학교를 1년 정도 다니든 한국에 돌아올 때쯤이면 훌륭한 영어를 구사할 수 있다. 그런데 사람들은 어학연수에 대해 막연한 환상을 가지고 있는 것 같다. 대부분이 '여기서는 영어를 거의 못해도 일단 현지에 가기만 하면, 어떻게라도 영어가 내 머릿속으로 들어오겠지.'라고 믿고 있다. 그리고는 가기 전에 충분한 준비를 하지 않고 무작정 연수를 떠난다. 하지만 아무 말도 못하는 상태에서 외국에 가면 어느 누구에게도 자신 있게 접근하질 못한다. 처음에는 몇 번 용기를 내서 대화를 시도해 보겠지만, 금방 자신감을 잃게 된다. 현지에 있는 원어민들은 한국에 있는 원어민들처럼 인내심 있게 우리가 하는 영어를 들어주지 않기 때문이다. 우리나라에 있을 때와는 상황이 다르기 때문이다. 원어민들은 자기네 나라에 오면서 기본적인 영어도 배워 오지 않았다고 생각해 외면해 버린다. 실망에다 향수병까지 겹친 연수생들은 결국 말이 잘 통하는 한국 학생들끼리만 어울리게 된다. 그래서 생긴 이런 해프닝도 있다.

- 미국에서 배워온 유창한 부산 사투리

어느 서울 학생이 어학연수에 대한 막연한 환상만 가진 채 미국으로 갔다. 그는 어떻게 해서든 미국에서 1년만 버티면 영어가 유창해질 거라고 믿고 있었다. 하지만 현실은 그렇게 호락호락하지 않았다. 막상 도착해 본 미국은 너무 낯설었고 누구 하나 그에게 관심을 가져 주질 않았다. 게다가 겨우겨우 용기를 내어 원어민에게 몇 마디를 건네 보면 한국에 있던 원어민처럼 관심 있게 들어 주지도 않고 대꾸도 하지 않고 가 버리는 것이다.

이 학생은 보름도 채 지나지 않아 슬럼프에 빠졌다. 어학코스는 쉽지 않았고, 원어민 친구를 사귀기는커녕 감히 지나가는 원어민에게 말을 붙일 엄두도 낼 수 없었다. 한 번 외면당하면 그 기분은 상당 기간 자신을 괴롭히기 때문이다. 이런 상태에서 같은 처지의 한국 학생들을 만나게 되었고 그들과 얘기를 하면서 많은 공감을 느꼈다. 그래서 그들과 더불어 1년을 보냈다. 그 친구들도 똑같은 처지에 있었던 것이다. 그렇게 1년을 보낸 후에 이 학생이 할 수 있었던 것은 기본적인 유창한 영어 인사말과 감탄사, 예를 들면 "Oops!"라든지 "Oh, my God!"이라든지 "Gees!" 같은 말이었다. 그리고 한 가지가 더 있었는데, 그것은 바로 유창한 부산 사투리였다! 미국에서 같이 어울려 다니던 한국 학생이 부산 출신이었던 것이다. 그 학생이 많은 돈과 시간을 들여 미국에서 배워온 것은 겨우 몇 마디의 영어와 부산 사투리였던 것이다.

어학연수, 영어 면허를 딴 뒤 주행 실습하러 가는 것

- 준비 없는 어학연수를 갈 바에야 차라리…

지금은 국제화 시대다. 국내에서 공부를 하든 외국에서 공부를 하든 공부하는 장소는 별로 상관이 없다. 나 같으면 외국에 어학 연수를 다녀올 돈으로 국내에서 원어민 개인 강사를 한 명 구하겠다. (그러는 편이 비용도 훨씬 덜 든다.) 그래서 하루에 한 시간씩 영어를 배우겠다. 어떤 때는 같이 시내를 돌아다니고, 또 어떤 때는 내가 원하는 상황을 연출하기도 하면서 자연스럽게 모든 경우를 경험할 것이다. 그렇게 해서 영어로 내 생각을 제대로 표현할 수 있고 좀 더 많은 것을 경험하고 싶을 때 외국으로 나갈 것이다. 그러면 눈 뜬 장님으로 가는 것과는 비교도 안 되게 엄청나게 많은 것을 보고, 배우고, 느끼고 돌아올 수 있을 것이다. 내가 알고 싶은 것을 알 수 있는 능력이 되어야 그렇게 할 수 있다. 이런 여행은 아무리 많은 돈이 들더라도 꼭 가볼 만하다고 생각한다.

- 어학연수를 가려는 이에게

　흔히 어학연수를 갔던 사람들이 하는 말이 있다. 어학연수가 끝날 즈음에야 비로소 어떻게 영어를 해야 하는지 느꼈다고 말이다. 하지만 이것은 이미 그렇게 생각하는 시기에는 늦어 버렸다는 것을 의미한다. 많은 돈과 시간을 들여서 겨우 깨달은 '영어를 어떻게 공부해야 할 것인가'에 대한 것도 한국에 와서 몇 달이 지나면 아무 소용이 없게 된다. 한국에서의 영어 학습은 현지와는 또 다른 방식이 필요하기 때문이다. 하지만 돈을 들이고 배웠으니 조금은 영어를 접하는 데 도움이 될 거라고 생각한다. 하지만 결과에 비해서 들인 돈과 고생이 너무 많다.

　만약에 내가 어학연수를 가기 전에 100개의 영어 문장을 말을 할 수 있었다면 나는 가자마자 말을 시작할 것이다. 그리고 내가 할 수 있는 말을 이용해서 이것저것 물을 것이다. 100개의 문장이 새끼를 쳐서 무한정으로 늘어난다. 이런 사람은 처음부터 영어가 일취월장하게 된다. 궁금한 것은 다 물어보고 금방 친구도 사귀면서 자기가 말할 수 있는 영역을 넓혀 간다.

　이제 영어권 나라에는 영어를 배우러 가는 것이 아니라 내가 익힌 영어를 써먹으러, 이를테면 주행 실습을 하러 가야 한다. 한국에서 영어를 배우지 못하는 사람들은 외국에서도 영어를 배울 수 없다. '안에서 새는 바가지 밖에서도 샌다.'는 옛 말이 하나도 그른

게 없다. 그리고 외국에 있는 어학코스 학원은 국내 외국어 학원 수준보다 나을 게 없다. 현지의 환경을 십분 활용할 수 없는 실력이라면 결국 국내보다 시설이 좋지 않은 외국의 학원에 엄청난 수업료를 내며 외화만 낭비하고 마는 셈이 된다. 우리가 어학연수를 가는 것은 현지 환경의 덕을 보기 위한 것이지 일부러 머나먼 학원을 다니기 위한 것은 아니다. 갖춰진 실력이 없으면 현지의 환경은 결코 우리에게 미소를 짓지 않으며, 오히려 우리를 철저히 소외시켜 버린다는 것을 명심하자.

Break a leg!
발모가지나 뚝 부러져라?

슬랭을 하면 영어를 유창하게 하는 것처럼 보인다고 생각해서 무턱대고 슬랭을 외우고 사용하는 사람들이 적지 않다. 영어를 제대로 자연스럽게 구사하지도 못하는 사람이 말마다 흔하지 않은 'idiom'과 'slang'을 사용하는 경우도 자주 보고, 흔하지 않은 'idiom'과 'slang'에 목숨을 거는 사람들도 많이 만난다. 서점에 가 보면 슬랭만 모아 놓고서 그 책을 공부하면 영어가 유창해진다고 써 놓은 책들이 있고, 실제로 그 말을 믿고 슬랭을 많이 사용하면 유창해지는지 아는 사람들도 적지 않다. 하지만 슬랭은 적게 사용할수록 좋고, 정확히 사용할 수 없다면 사용하지 않는 것이 더 깔끔하고 결코 자신을 저렴하게 보이지 않게 만드는 방법이다.

슬랭은 영어회화의 최종코스

- 슬랭은 탄탄한 언어적 경험을 요구한다

한번은 이런 일이 있었다. 어려운 단어만 사용하면서 이상한 문장만 만들어 내는 학생이 있었다. 그는 간단한 말조차도 제대로 자연스럽게 하지 못하는 실력이었지만 척 봐도 어떤 슬랭책을 공부했는지 알 정도로 그 책에 있는 슬랭은 다 말하는 듯 보였다. 그 학생이 뭔가를 부지런히 이상한 영어로 말하고 있는데 원어민 친구가 전혀 이해하지 못하는 눈치였다. 그 학생은 원어민의 반응을 살피며 말했다.

"Are you with me? Are you with me?"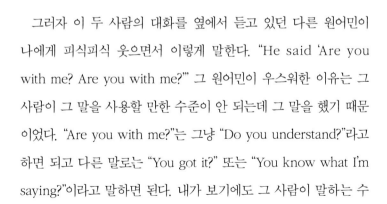

그러자 이 두 사람의 대화를 옆에서 듣고 있던 다른 원어민이 나에게 피식피식 웃으면서 이렇게 말한다. "He said 'Are you with me? Are you with me?'" 그 원어민이 우스워한 이유는 그 사람이 그 말을 사용할 만한 수준이 안 되는데 그 말을 했기 때문이었다. "Are you with me?"는 그냥 "Do you understand?"라고 하면 되고 다른 말로는 "You got it?" 또는 "You know what I'm saying?"이라고 말하면 된다. 내가 보기에도 그 사람이 말하는 수준으로는 그냥 "Do you understand?" 하면 딱 맞을 만한 실력이었다.

사실 영어를 제대로 하지 못하는 사람이 좀 더 유창해 보이기 위해 구사하는 사용하기 어려운 표현이나 슬랭을 듣는 원어민들의 표정은 한결같이 어리둥절하다. 우선 제대로 된 발음이 아니라서 말 자체를 알아듣기 힘든 데다, 설상가상으로 전혀 상황에 맞지도 않는 표현을 쓰는 경우가 많기 때문이다. 슬랭은 탄탄한 기본이 갖춰진 상태에서 사용해야 실수를 하지 않고 그 효과를 발휘할 수 있다.

슬랭은 영어 표현 중에서도 살아있는 표현으로 어느 정도 영어에 체계가 잡혀야 이해되는 말들이다. 슬랭은 상황에 따라서 굉장히 다양한 해석이 가능하다. 슬랭 표현에 쓰이는 단어들의 광범위한 이미지와 뉘앙스를 확실하게 알아야 의미를 알 수 있는 표현들이라는 말이다. 그런데 무턱대고 슬랭을 한 가지 뜻으로만 달랑 외워 사용하는 사람들이 있다. 이런 사람들에게 원어민들이 흔히 하는 말이 "You will get a shot in America.(너 미국에 가면 총 맞을 거다.)"다.

슬랭 중에는 안 좋은 말이 상당히 많다. 그 말의 뉘앙스를 제대로 이해하지 않고 그냥 말해버리면 정말로 총에 맞는 상황이 벌어질 수도 있다. "Good luck to you!"보다 더 친근한 말로 "Break a leg!"라는 말이 있다. 상대방의 행운을 빈다는 의미로 쓰이는 슬랭이지만 실수로 "Break your leg!"라고 말했다가는 큰일 난다. 'Break your leg!'는 말 그대로 '다리나 부러져라!' 하고 저주하는 말이니까 말이다. 우리가 보기에는 'Break a leg!'나 'Break your leg!'가 무슨 차이가 있겠냐고 생각하겠지만 실제 영어를 사용하는 사람들에게는 이 두 표현이 다르게 전달되는 것이 우리의 생각과는 다른 것이다.

슬랭은 철저한 경험이 뒷받침되어야 쓸 수 있는 표현이다. 따라서 완벽하게 이해하고 어떤 상황에서 사용해야 하는지를 아는 상태가 아니라면 슬랭은 쓰지 않는 것이 좋다. 슬랭을 구사하기 위해서는 많은 실력과 언어적인 경험 그리고 감각이 필요하다.

- 슬랭은 언제부터 시작할까?

슬랭을 말하는 시기는 내가 정한다기보다는 원어민이 정해 준다고 할 수 있다. 보통 원어민들은 한국인과 얘기할 때 그 사람의 수준에 맞춰서 얘기를 한다. 처음 만난 원어민이 내게 슬랭을 사용하지 않고 간단한 말들로 느리게 또박또박 말한다면 내 영어가 그만큼 서툴다는 것을 의미한다. 그 이상으로 빠르게 말하고 말도 편하게 하면 내가 못 알아들을 거 같으니 그렇게 천천히 또박또박 말을 하는 것이다.

당신의 영어실력을 객관적으로 정확히 평가하고 싶은가? 그럼,

당신과 대화를 하는 원어민이 어떤 속도로, 어떤 영어 표현을 사용하는지를 보면 그게 딱 당신의 영어실력이 되는 것이다. 하지만 그 원어민이 당신에게 편하게 농담도 하고 슬랭도 사용하면 슬랭을 사용해도 된다는 시기다. 이 정도의 사람이면 슬랭도 이해할 수 있겠다 싶을 때 대화에 슬랭도 섞어서 말하는 것이다. 따라서 내가 원어민과 대화를 할 때 그가 슬랭을 사용하면 나도 이제 슬랭을 말할 시기가 된 것이다. 이 정도 되면 영어실력이 상당하다고 볼 수 있다.

슬랭을 사용하기 때문에 유창한 영어가 되는 것이 아니라 슬랭까지 제대로 사용할 수 있는 정도의 실력이 유창한 영어가 되는 것이다. 한국 사람들이 당신에게 "영어를 어떻게 그렇게 잘해요? 외국에서 살다가 오셨어요? 유학 다녀오셨나요?"라고 하는 말은 당신의 영어실력의 척도로 삼으로 절대 안 된다. 그 사람들은 자기보다 영어를 조금만 잘해도 다 그렇게 말하기 때문이다. 자신의 영어실력이 어느 정도 되는지 알고 싶을 때는 원어민이 나와 대화할 때 어떤 식으로 말하는지를 보면 가장 정확하다.

원어민이 나에게 "영어 발음 잘하네요."라고 한다면 영어 표현이나 발음에서 아직 티가 난다는 얘기다. 영어 발음이 정말로 좋으면 발음이 좋다는 말을 대부분 하지 않는다. 오히려 발음이 좋다는 말이 실례가 될 수 있기 때문이다. 당신의 영어실력이 정말 좋고, 영어 발음이 정말로 좋다면 원어민은 당신의 영어에 대해서 거의 아무런 말을 하지 않을 것이다. 외국에서 태어났다면 그게 당연하다고 생각하기 때문이다.

결과적으로 진짜 영어를 잘하는 사람은 원어민으로부터 영어를 잘 한다는 말을 듣지 못한다!

영어 성공 십계명
— 영어 공부 이렇게 해라

1. 가급적이면 해석하지 않는 방법으로 영어를 습득해야 한다.

우리는 영어 문장을 보면 해석부터 한다. 그리고 영어를 말해야 할 때도 먼저 우리말을 떠올리고 그것을 영어로 바꾼다. 그러나 이렇게 우리말을 일일이 개입시키면 영어 공부하기는 쉽겠지만 해석으로 인한 오류와 간섭 때문에 제대로 된 영어를 하기는 어렵다. 영어를 잘하려면 우리말 해석 대신 영어를 그 자체의 이미지로 받아들이는 것이 반드시 필요하다.

2. 적당한 소리를 내면서 끊임없이 반복 훈련해 영어 문장을 혀끝에 달아 놓는다.

아무리 내가 잘 알고 있는 문장이라 하더라도 실제로 말을 해본 경험이 없으면 영어가 절대 입 밖으로 안 나온다. 익숙하지 않기 때문이다. 알고 있는 것과 익숙한 것은 엄청난 차이가 있다. 따라서 내가 말하고 싶은 문장은 끊임없는 반복 훈련을 통해서 항상 혀끝에 달아놓는다. 그래야 언제든지 순발력 있게 나오게 된다.

이때 너무 큰 소리로 영어 문장을 읽지 않도록 한다. 영어 문장을 읽을 때 너무 큰 소리로 연습하게 되면 나중에 영어를 말할 때 크게 하지 않으면 제대로 발음이 안 되는 경우가 생기게 된다. 실제 대화를 하는 것보다 약간 더 큰 정도로 소리를 내면서 실제처럼 연습하는 것이 가장 효과적이고 좋다.

3. 듣기 자료만을 통해서 발음 교정할 생각은 아예 하지 않는다.

많은 사람들이 가장 크게 오해하고 있는 것이 바로 원어민 음성 자료만을 들으면서 영어 발음을 교정하려 하는 것이다. 원어민 음성자료는 듣기 실력을 향상시키기 위해서는 필요하지만, 발음을 교정하는 데는 큰 도움이 되지 않는 경우가 적지 않다. 발음은 듣기만 해서는 결코 교정되지 않는 여러 가지 이유가 있고 물리적으로 훈련되어야 하는 부분(한 음절에 할당되는 호흡의 길이, 발음하는 타이밍, 입 모양, 아래턱의 위치, 혀의 위치 등)이 훈련되고 충족되어야 그 다음에 듣는 것만으로도 영어 발음이 교정되기 때문이다. 위와 같은 차이를 훈련을 통해서 철저히 교정하지 않으면 결코 마스터하기 어려운 것이 영어 발음이다. 영어 발음은 본 저자의 베스트셀러인 '영어 발음의 신(新)'을 보면 영어 발음에 대한 대부분의 의문에 대한 해결책을 찾을 수 있을 것이다.

4. 단어가 아니라 문장을 공부해야 한다.

단어가 알아서 문장을 구성해 주지는 않는다. 단어가 아닌 문장을 위주로 학습하고 경험함으로써 우리는 영어의 뉘앙스를 제대로 느끼고, 문장의 구조 즉 분해와 조립의 이치를 알게 된다. 벽돌을 만들 줄 안다고 해서 집을 지을 줄 안다고 할 수는 없다. 집을 짓는 사람은 바로 그 벽돌을 쌓을 줄 아는 사람이다. 벽돌을 만드는 경험만 있고 집을 짓는 경험이 없는 사람은 결코 제대로 된 집을 지을 수 없다.

즉, 문장을 만들어 본 경험이 없는 사람은 아무리 많은 단어를 알고 있다고 해도 제대로 된 문장 하나 만드는 것도 버겁게 된다.

5. 문법은 영어를 배우는 초기에 보는 것이 아니라 영어를 충분히 안 다음에 봐야 효과가 있다.

처음부터 너무 문법에 얽매이거나 치중하면 영어실력 향상에 오히려 방해가 될 수 있다. 영어라는 언어를 문법을 통해서 찍어 내듯이 만들어 낼 수 없기 때문이다. 많은 문장을 접하면서 습관적으로 알게 되어야 하는 언어의 규칙을, 문법으로 간단히 알아보게 되면 학습 효과가 빠른 것처럼 보이지만 그만큼 문장을 반복해서 공부해야 하는 필요성을 잊기 때문에 알고는 있지만 말하지 못하는 상태가 되어버리게 된다.

문법 공부가 필요한 것은 영어를 자유롭게 할 수 있을 때 원어민보다 더 정확한 표현을 하고 싶다면 그때 원어민이 쓴 문법책을 통해 현재 사용하는 영어 표현 중에서 맞고 틀린 영어를 구분하면 대부분의 원어민이 놀랄 만큼 정확한 영어를 할 수 있게 된다. 문법은 언어를 습득하기 위해 있는 것이 아니라 이미 받아들인 언어를 가지런히 정리하기 위해 사용되어야 하는 것이다. 우리가 국어 문법을 중학교에 가서나 배우게 되는 것도 이런 이유에서다. 문법이 언어를 습득하는 데 도움이 되었다면 우리는 초등학생 때부터 국어 문법이라는 것을 어렵게 배웠을 것이다.

6. 내가 갖고 있는 편견을 잊고 보이는 그대로 모방한다.

자신도 모르게 갖고 있는 영어에 대한 모든 편견은 나를 잘못된 길로 유도할 수 있다. 머리를 백지 상태로 만들어 보고 느끼는 모든 것을 순수하게 받아들여라. 유아가 영어를 완벽하게 소화하는 것은 어떠한 편견도 갖고 있지 않기 때문이다. 어린아이는 그냥 보이는 대로 들리는 대로 완벽하게 따라 하는 모방의 천재다.

우리가 영어를 제대로 못하는 이유는 수많은 영어에 대한 잘못된 고정관념 때문이다. 문법을 미리 알고 영어 문장을 보면 문장 안에서 문법만 보이겠지만 문법을 모르고 영어 문장을 보면 영어 문장 그 자체가 보일 것이다. 영어를 제대로 익히기 위해서는 문법이라는 편견을 없애야 비로소 영어 문장이 그대로 보이게 되고 영어를 제대로 받아들일 수 있는 가능성이 생기게 된다.

7. 원어민과 반드시 주기적인 접촉을 해야 한다.

영어를 유창하게 구사하는 사람치고 자기 혼자 벽만 보고 영어를 공부한 사람은 한 사람도 없다. 영어는 언어이기 때문에 언어로써 사용하는 실전 경험이 정말로 중요하다. 아무리 학습법이 좋아도 원어민과 직접 말할 기회를 갖지 못한다면 결코 좋은 영어를 구사할 수 없다. 일주일에 한 번이라도 좋다. 원어민과 영어로 대화를 할 수 있는 기회를 만들어 보자.

8. 실수에서 반드시 교훈을 찾는다.

나는 내가 저지른 실수들로부터 정말 많은 것을 느끼고 배웠다. 그리고 같은 실수를 되풀이하지 않도록 수없이 반복하고 노력해 왔다. 지금 생각해 보면 나의 가장 큰 스승은 바로 내가 저지른 실수들이었던 거 같다. 같은 실수를 자꾸 반복하게 되면 실수에서 교훈을 찾기는커녕 실수의 노예가 될 뿐이다.

9. 메모하는 습관을 들여 내 영어를 업데이트시킨다.

귀에 들리고, 눈에 보이는 모든 영어를 메모하는 습관을 들인다. 매일매일 늘어가는 메모만큼 우리의 영어실력도 업그레이드될 것이다. 지금 알고 있더라도 자주 사용하지 않으면 나중에 좋은 표현들을 생각해 내지 못해서 영영 잊혀지게 되는 경우가 있다. 좋은 표현이고 나중이라도 다시 생각하고 싶다면 노트에 메모를 하든지, 스마트폰에라도 메모를 해서 항상 다시 보면서 생각해 낼 수 있도록 하는 것이 좋다.

10. 영어 공부에는 단계가 있다! 단계를 밟아 꾸준히 하면 누구나 다 된다.

처음부터 너무 많은 걸 바라면 절대로 원하는 결과를 얻지 못할뿐더러 끝맺지도 못한다. 많은 사람들이 단번에 승부를 낼 욕심으로 시간이 걸리는 방법은 무조건 피하려는 경향이 있다. 하지만 세상에는 시간이 걸려야 되는 것도 있는 법. 그리고 자신의 수준이 낮거나 실력이 형편없다고 미리 겁먹거나 걱정하는 것도 금물. 불가능해 보이는 것들은 단지 지금 내가 그것을 할 능력이 안 되기 때문에 그렇게 느껴지는 것일 뿐, 단계를 밟아 꾸준히 하면 누구나 다 된다.

언어 습득의 첫 단계는 그림으로 표현할 수 있는 묘사적인 표현들이 대상이 된다. 그리고 그런 묘사적인 표현들이 잘 습득되면 그 다음에는 그림으로 표현되기 어려운 추상적인 표현들이 습득 대상이 되는데 이런 추상적인 표현들은 이전에 배운 묘사적인 표현들을 이용해서 습득할 수 있게 되는 것이다. 우리가 영어를 배울 때 어려운 것은 처음부터 받아들이기 어려운 갖가지 추상적인 표현들을 문법과 해석을 통해서 강제로 습득하려고 하기 때문이다. 처음에는 그림으로 완벽히 표현 가능한 묘사적인 표현을 받아들이고 그 다음에 이미 받아들인 묘사적인 표현들을 이용해서 추상적인 표현들을 설명하고 받아들이면 어려울 게 없고, 안 될 게 없는 것이다.

언어를 받아들이는 데는 이렇게 순서가 있는 것이다. 우리가 우리나라 말을 배울 때도 그랬듯이 말이다.

Part 2

영어로 가는 마지막
비상구, 이미지 메이킹
잉글리시 Q

영어의 달인 = 어린아이?

흔히 말하기를 어린이는 언어를 받아들이는 천재적인 능력이 있다고 한다. 그리고 그 능력은 성인이 되면 고갈되어 없어진다고 하는 저명한 언어학자 이론도 있다. 많은 사람들이 이 말이 상당히 신빙성이 있다고 확신하고 다들 영어는 조기에 완성해야 한다며, 학부모들은 조기교육 열풍에 기꺼이 뛰어든다.

같이 외국에 나갔는데 왜 어린이만 영어가 늘까?

아마 외국에 자녀를 데리고 가서 같이 생활해 본 분들이라면 분명 내가 지금 여기서 무엇을 말하고 싶어 하는 것인지 이 글을 읽으면 너무 잘 알 것이다. 내가 항상 강력하게 주장하는 것은 어린이와 성인이 같은 방식의 영어 습득 환경에 놓였을 경우, 천재성을 발휘하는 것은 어린이가 아니라 성인이라는 점이다.

구체적인 예를 들어보자. 외국에 갔다 온 분들이 하는 말을 들어보면 애들은 하루가 다르게 영어가 늘어 가는데 우리는 아무리 하려고 해도 영어가 늘지 않는다는 말을 한다. 그것은 여러 가지 차이점을 간과한 잘못된 견해이다.

지금부터 어린이와 성인의 현지 생활상의 차이를 살펴보자. 우선 어린이는 학교에 들어가서 바로 적응하기 위해서 '랭귀지 코스(language course)'를 거친다. 그리고 학교에서 원어민 친구들을 사귀고 그들과 놀면서 여러 상황과 더불어서 간단한 영어 표현부터 이것저것 상황의 반복을 통해 배우기 시작한다. 즉 하루 중 대부분의 시간을 원어민 친구들과 같이 보내게 된다. 또 교과 과정을 따라가려면 영어로 된 책도 읽고, 공부해야 한다. 과제물을 내기 위해서 글을 쓰는 것도 연습해야 한다. 즉 아이들은 엄청나게 많은 영어 환경에 노출되어 영어에 대한 경험을 축적한다는 것을 알 수 있다.

이번에는 엄마의 생활을 보자. 엄마는 슈퍼마켓에서 물건을 살 때도 못 알아듣는 영어를 사용하기보다는 몸짓 발짓을 다 동원한다. 말은 원래 안 된다고 생각하고 돈만 계산대에 내밀고 네가 알아서 계산하라는 식이 된다. 사실 외국에 나가서 물건을 계산할 때 거의 아무런 말이 필요 없다. 그리고 만나자고 전화가 오는 사람들은 다 한국 사람이다. 그래서 같이 시간을 보내는 사람들도 대부분 한국 사람들이다. 아마 같은 처지에 있는 사람들이 모이면 더 잘 이해하고 마음이 더 통하게 될 것이다.

그리고 가끔 시간을 내서 영어 공부를 해야겠다고 생각한다. 그래서 한국에서 가져간 문법책을 꺼낸다. 그리고 그것을 하루 종일 보고 또 보며 공부를 한다. 국내에서 영어 공부하는 방식과 그렇게 다르지 않다. 그리고 듣기를 해야 한다며 이해도 안 되는 TV를 켜 놓고 보면서 급기야는 존다. 아무런 이해가 되지 않는 TV를 화면만 계속해서 본다면 그게 재미있겠는가? TV 속에서 사람들이 막 웃어 대면 자기도 한 번 웃고는 이내 씁쓸한 웃음을 지을 것이다. 뭔지도 모르고 따라 웃은 거기 때문이다.

이러한 엄마의 생활은 한국에서의 생활과 하나도 다를 게 없다. 단지 한국에서보다 원어민을 더 많이 볼 수 있다는 것뿐, 그 이상의 도움이 되지 않는다. 이렇게 엄청나게 다른 언어습득 환경을 가졌는데 같은 결과가 있을 것이라고 생각한다면 그게 더 이상한 것이다.

그럼 이런 생각을 해 보자. 외국에 있는 성인도 아이들처럼 활발하게 활동을 하고 원어민 친구들과 어울리면 영어가 그렇게 늘게 될까? 가능하다! 외국에 가서 언어를 가장 빨리 습득하는 사람들이 누구라고 생각하는가? 내 생각에 그 사람들은 바로 '선교사'인 것 같다. 우리나라에 온 원어민 중 한국말을 잘한다고 해서 TV에 나오는 사람들 중에 상당수가 선교사 출신이다. 어린이들도 아닌데 어떻게 그렇게 말을 잘하게 되었을까? 대부분 20세 전후로 우리나라에 오는데 말이다. 그 이유는 간단하다. 실질적인 것들을 배우고 그것을 바로 하루 종일 써먹기 때문이다.

그럼 여기서 선교사들이 어떻게 말을 그렇게 잘 배우는지 알아보자. 선교사들은 우리나라에 들어오기 전에 3개월 정도 한국어를 배워서 온다고 한다. 그런데 그렇게 배워온 한국어는 우리나라에 들어와서는 거의 쓸모가 없다고 그들도 말한다. 한국어 회화 책에서 배우는 이상하고 규정화된 말만 배워서 오기 때문이란다. 그래서 그들은 우리나라에 들어온 후 다시 말을 배우기 시작한다. 선교사들은 문법을 공부하지 않는다. 뭐가 주어이고 뭐가 동사인지는 중요하지 않다. 그들은 자기네가 해야 할 말에만 관심이 있다. 그들의 목적은 만나는 한국 사람들에게 한국어로 자신의 종교에 대한 이야기를 하는 것이기 때문이다.

그들이 가장 궁금해 하는 것은 문법이 아니라 문장을 형성하고 사용하는 법이다. 문장의 한 부분을 가지고 와서 어떻게 사용하는지에 대해 묻는 경우가 대부분이다. 예를 들어 "…인데도 불구하고…"라는 부분을 문장에서 어떻게 쓸 수 있지?" 하면서 몇 가지 문장을 알려달라는 식이다. 그들은 가장 실질적인 말을 배우려 노력하고 항상 문장을 수집하며, 선배 선교사가 후배에게 가장 효과적인 문장을 내려주기도 한다. 한국인을 이해시키고, 결국은 그들의 종교를 널리 알리는 것이 선교사들의 목표이기 때문이다.

미국에서 2년 동안 선교 사업을 하고 돌아온 한국 사람을 만난 적이 있다. 그 사람의 영어실력은 정말 대단했다. 다른 선교사들의 말에 의하면 그는 미국에 가기 전에는 영어를 전혀 못하는 사람이었는데, 미국에서 2년간의 선교 사업을 하고 돌아온 후에는 영어를 거의 완벽하게 구사한다는 것이다. 이렇게 보면 진정 언어의 천재는 성인이 아닐까?

어린이가 2년 동안 배울 수 있는 말과 성인이 2년 동안 배울 수 있는 말의 범위는 얼마나 차이가 날지 한번 생각해 보자. 5살짜리 어린이가 7살까지 배울 수 있는 말과 20살짜리 청년이 22살까지 배울 수 있는 말에는 엄청난 차이가 있을 것이다. 어린이는 정보가 아무리 많아도 자신이 이해할 수 있는 것 이상의 것들은 받아들이지 못한다. 하지만 성인은 언어의 대부분을 이해하고 받아들일 수 있는 이해력이 있다. 나는 아이들이 갖지 못한 성인의 이런 이해력이야 말로 바로 천재성이라고 본다.

어린이는 천재성이 있어서 원래 잘하는 것이고, 성인은 그 능력이 고갈되어서 회복될 수 없다는 그런 이론은 이제 뒤로 하자. 그런 잘못된 고정관념은 우리를 나약하게 만들 뿐이다. 그리고 사실 이 이론 '인간이 **언어능력을 타고났으나**(촘스키, 언어생득설) 일정 시기에 이르면(한계시기, critical age) 그 능력이 소멸되어 성인은 **외국어를 모국어화 할 수 없다**'는 이론은 지금도 전세계적으로 학계에서 반박되고 있다.

언어를 습득하는 정확한 방식을 성인에게 적용한다면 어린이가 따라오지 못할 절대적인 천재성을 발휘하게 되고 이런 좋은 예는 우리가 심심치 않게 주위에서도 찾아 볼 수 있다. 진정한 언어의 천재는 바로 성인이다.

성인 영어가 따로 있다?

우리나라 사람들의 영어 공부 방식을 보면 절로 한숨이 나오는 경우가 많다. 말은 한마디도 하지 못하면서 보는 책들은 뭐가 그렇게 어려운지. 천재성이 있다던 어린이도 그림책을 보는데, 하물며 그마저도 없다고 믿는 성인들이 어려운 영어 신문이나 수필, 대통령 연설문이나 읽으면서 그것으로 말을 잘하려고 하니, 뭔가 앞뒤가 안 맞지 않는가?

우리가 성인이라고 해도 말을 할 줄 모르면 언어적인 나이는 성인이 아니라고 봐야 한다. 외국어에 있어서는 유아기라고 보면 되겠다. 따라서 언어를 처음 배울 때는 그 수준에 맞춰 시작해야 하는 것이다. 그런데 현실을 보면 그렇지가 않다. 성인은 성인이라서 영어 공부도 성인 같이 하려고 한다. 그래서 많은 사람들이 영어 공부를 한답시고 영자신문이나 원서를 구독하고, 사전을 뒤적이며 신문 한 장을 보는 데만 하루 종일을 보낸다.

이런 예를 들어 보고 싶다. 우리가 피아노를 배운다고 생각해 보자. 어린이는 맨 처음 피아노 레슨을 받을 때 건반 위에 손을 얹고 건반을 두드리는 것부터 배운다. 가장 기본적인 악보 보는 법, 악보의 음을 소리 내려면 어느 건반을 두드려야 하는지를 보여 준다. 피아노를 두드리는 것에 익숙해진 다음에도 건반 위에 얹은 손과 팔의 자세를 계속 교정 받는다. 바른 자세에서 바른 연주가 나오기 때문이다. 그렇게 어린이는 바이엘, 체르니, 쇼팽 이렇게 발전해 간다. 그런데 성인이 같은 피아노를 배운다고 했을 때 "나는 성인입니다. 건반 두드리는 것은 아이들이나 하는 것이니 내가 어찌 그런 것을 하겠습니까? 나는 바로 쇼팽으로 들어가서 연습하겠습니다."라고 한다면 피아노 학원 선생님이 뭐라고 하실까? 아마 교습비를 돌려주면서 그냥 가라고 할 것이다. 이런 요구가 정말로 어이없고 엉터리 같은 생각임을 누구나 알고 있다. 하지만 우리가 이렇게 영어를 배우려고 한다는 사실은 느끼지 못한다. 우리는 영어 공부를 바로 이렇게 시작하려고 하는 것이다.

어린이들은 발음 비디오를 보면서 원어민의 입 모양을 따라 하고 '참새 짹짹' 하고 있는데, 성인은 원어민이 발음할 때 고개 숙여 단어나 문장만 보고 있다. 입 모양 따위는 볼 생각도 않는다. 비디오를 보거나 알파벳의 발음을 연습하는 것은 성인에게 어울리지 않으며, 대충 굴려 만든 연음만 열심히 듣고서 연습하면 영어가 유창해질 것으로 생각한다. 이런 식으로는 아무리 노력해도 원어민의 발음을 제대로 내기가 어렵다. 반면 유아는 보이는 대로 들리는 대로 무조건 따라 하기 때문에 영어 발음도 비교적 빠르게 배운다. 유아가 오른쪽 왼쪽 신발을 짝짝이로 바꿔 신는 것도 실은 보이는 대로 무조건 따라 하기 때문이라고 한다. 유아의 눈에는 마주 보고 있는 엄마의 발이 오른쪽은 왼쪽, 왼쪽은 오른쪽으로 위치해 보여서 그렇다는 것이다. 성인과는 달리 아이들은 그게 틀리건 맞건 따지지 않고 무조건 보이는 대로 느껴지는 대로 따라 한다. 하지만 성인은 어떤 것을 보면 우선 자신의 잣대로 분석한 다음 옳은지 그른지 판단한 다음 실행한다. 자신의 잣대나 개념이 옳다면야 아무 상관없겠지만, 틀린 잣대를 가지고 판단하니 영어가 제대로 될 리 없다.

이런 생각이 우리로 하여금 영어로부터 멀어지게 만든다. 성인이 발음을 제대로 하지 못하는 가장 큰 이유는 성인은 이미 굳어진 발음을 교정하는 것이 불가능하다고 너무나 굳게 믿고 있기 때문이다. 그 때문에 성인을 위한 제대로 된 발음 교재도 거의 전무하다. 가능한 것도 절대로 불가능하다고 생각하고 있다면 되지 않는 법이다.

- 성인도 자기 수준에 맞는 영어책을 봐야 한다

가끔 어린이보다 영어를 못하는 사람(요즘은 영어 조기교육 닷에 영어를 잘하는 아이들이 많다)이 영어 공부한다고 읽고 있는 책을 보면 '저렇게 어려운 책을!' 하는 생각이 절로 든다. 물론 회화에는 관심 없고 오직 독해에만 관심 있는 사람이라면 그런 책을 봐도 상관없다. 하지만 영어로 자연스럽게 말을 하고 싶어 하는 사람이라면 어려운 표현이 잔뜩 들어간 책은 크게 도움이 되지 않는다. "엄마, 나 배고파."도 제대로 못하는 아이가 "한국 경제가 심각해!"라는 말을 몇 번 들었다고 자연스럽게 말할 수 있을까?

모르기는 마찬가지고 말해야 할 표현이 서로 다른 것도 아닌데, 왜 어린이가 보는 책과 어른이 보는 책에 그렇게 차이가 있는 것일까? 성인(여기서는 13세 이상을 가리킨다)을 대상으로 한 책들을 들여다 보면 처음에는 어린이 책과 비슷하게 인사말이 나오다가 바로 어려운 문장으로 넘어가 버린다. 반면 어린이용 영어 교재는 일상생활에서 흔히 쓰이는 세부적인 단어서부터 동작이나 표정, 기분 등을 나타내는 문장 표현들로 가득 차 있다. 여러 가지 과일이나 동물 이름에서부터 신체 각 부위의 명칭, 동작의 묘사 등이 재미있는 그림과 함께 실려 있어 한번 익히면 쉽게 잊혀지지 않을 뿐 아니라, 바로 일상생활에서 활용이 가능하다.

- 비즈니스 영어, 토론용 영어는 영어의 일부일 뿐 전부가 아니다

성인을 대상으로 한 영어 교재들은 이러한 일상적이면서도 기본적인 표현들은 생략한 채 바로 자신의 의견을 표현하거나 비즈니스나 토론을 하는 데 필요한 테크닉을 위주로 가르쳐 준다. 이런 식으로 영어 공부를 하니 영어가 당연히 절름발이가 될 수밖에 없다. 즉 일상생활에서 일어나는 여러 가지 일들은 거의 말로 표현하지 못하고 비즈니스나 토론에 필요한 상투적인 대화법만 익히게 되는 것이다.

예를 들어 'lie(눕다)'를 사용해 우리가 자주 사용하는 표현인 '똑바로 눕다, 옆으로 눕다, 엎드려 눕다' 등을 영어로 표현해 봐라. 정말 일상적인 표현이지만 성인을 위한 교재에서는 쉽게 찾아보기가 어렵다. 이것은 각각 'lie on your back, lie on your side, lie on your stomach'로 표현한다. 이러한 표현들을 전혀 모른 채 비즈니스나 토론용 어휘와 문장만 잔뜩 익히고 있으니 원어민하고 쉽고 자연스러운 대화를 할 수 있을 턱이 없다. 비즈니스 영어? 토론 영어? 애초 그런 게 따로 있을 리 없다. 물론 특정 전문 분야에 대한 어휘와 영어 표현은 추가로 따로 익혀야 하겠지만, 자기가 표현하고 싶은 걸 자유자재로 표현할 수 있는 사람은 그것이 토론이든 비즈니스든 거칠 게 없는 법이다. 기초가 튼튼하지 않으니까 좀 더 쉽게 좀 더 빨리 배워 보려고 굳이 이름 붙여 나눈 것에 불과하다.

- 자존심을 버려야 내 영어가 산다

다시 한 번 강조하지만 말 배우는 데도 순서가 있다. 영어회화
에서 우리의 수준은 어린아이와 똑같다. 그런 만큼 공부하는 방식
이나 과정도 똑같아야 한다. 어른이기 때문에 인사말만 배우고 바
로 어려운 단어나 문장으로 뛰어 넘어가 버리면 토론은커녕 일상
적인 것도 영어로 쉽게 표현할 수 없다. 우선 쉬운 표현들, 묘사적
인 표현들에 익숙해져야 그 바탕 위에서 깊이 있고 어려운 표현들
을 제대로 익힐 수 있는 것이다. 어느 상황에서나 능수능란하게
영어를 구사하고 싶다면 우리가 무심코 건너뛰었던 부분으로 되
돌아가 그 부분부터 다시 시작해야 한다. 단, 중학교 문법책을 다
시 뒤적거리는 것을 의미하는 것은 절대! 아니다.

여자 셋이 모이면 영어를 깬다!

여자가 남자보다 언어 감각이 뛰어나고 발음도 좋다는 속설이
있다. 혀가 남자보다 가벼워서 발음에 유리하다고 하는 사람들도
있다. 근데 여자보다 혀가 가벼운 남자들도 많은데 왜 그들은 여
자들보다 발음을 잘 못할까? 확실히 여자들은 남자들보다 말을
더 조리 있게 잘하는 편인 것 같다. 단어 선택이나 어휘력도 남자

들에 비해 월등한 경우가 더 많다. 말싸움을 해 봐도 남자는 여자를 이기기가 쉽지 않다. 영어를 공부할 때도 마찬가지다.

남자와 여자의 차이를 논하기에 앞서 유아의 두뇌 활동에 대한 얘기를 다시 한 번 해야 할 것 같다. 앞에서도 얘기했지만 유아는 어떤 정보를 받아들일 때 이미지를 재해석 없이 그대로 받아들인다. 비교 판단을 할 수 있을 만큼 뇌가 아직 발달되지 않았기 때문이다. 따라서 어린이에게는 단순 암기가 쉬운 일이 아니다. 단순 암기는 뇌의 분석을 통해 새로운 정보를 필터링을 통해 개념화시켜야 가능하기 때문이다. 사람의 뇌는 좌뇌와 우뇌로 크게 나뉘는데, 우뇌는 이미지 즉 느낌을 맡고 좌뇌는 이성적 판단과 단순 암기를 맡는다. 분석능력이 없는 유아는 정보를 받아들일 때 전적으로 느낌과 감각(우뇌)에 의존할 수밖에 없다. 그러다가 커가면서 점점 우뇌에서 좌뇌로 쓰임을 옮겨가는 것이다.

성인 뇌의 작용을 보면 성인 여자와 성인 남자는 약간 차이를 보인다. 여자는 정보를 받아들이거나 말을 할 때 양쪽 뇌를 동시에 사용하는데 반해 남자는 거의 좌뇌에만 의존한다. 실제로 뇌의 혈류사진을 비교해 보면 남자가 말을 하는 동안에는 우뇌가 거의 반응하지 않는다고 한다. 문제는 바로 여기에 있다. 언어를 학습할 때 좌뇌에만 의존하는 것, 이를테면 학습정보를 나름대로 분석하거나 암기해 버리는 것은 거의 치명적이다. 언어를 감각적으로 받아들이지 못하기 때문이다. 여자가 장미 꽃다발과 사랑의 속

삭임에 약한 것도 따지고 보면 우뇌를 활용하기 때문일 것이다. 어쨌든 여자는 남자보다 더 감성적이다. 그래서 발음이라든지 언어구사력이 대부분의 남자들보다는 더 뛰어난 면이 있다.

우리나라 사람들 중에서 외국어를 잘하는 사람 치고 목석인 사람은 그렇게 없다. 우리 주위에 외국어를 잘한다는 사람을 잘 관찰해 보라. 여자나 어린이처럼 섬세하고 다른 사람들보다 좀 더 감성적으로 보일 것이다. 그런데 남자가 월등한 학습 능력을 보이는 경우도 있다. 바로 우뇌를 잘 이용해서 공부하는 경우다. 인간의 뇌는 어떻게 훈련하느냐에 따라 왼쪽, 오른쪽, 그 사용 부위가 달라질 수 있다. 단순 암기식으로 공부를 하면 당연히 좌뇌를 사용하게 될 것이고, 어떤 이미지를 느끼면서 공부를 하면 우뇌를 사용하게 될 것임은 너무도 자명하다. 영어를 공부할 때 가장 중요한 것은 우뇌를 사용해 감각적으로 학습해야 한다는 것이다. 우뇌를 이용하는 공부 방법은 한마디로 두뇌 활동을 말을 배우는 유아의 두뇌 활동에 가깝게 만드는 방법으로서, 그렇게 외국어를 습득하면 외국어를 모국어처럼 자유자재로 구사할 수 있게 된다. 그럼 이제부터 이미지로 공부하고 이미지로 승부하는 '이미지 메이킹 Q 영어 학습법'에 대해 하나하나 구체적으로 살펴보기로 하자.

02

이미지 메이킹
잉글리시 Q 학습법이란?

'이미지 메이킹 잉글리시 Q'란 뇌 속에 이미 어떤 언어 체계가 모국어로써 자리 잡힌 사람이 외국어를 공부할 때, 모국어에 의한 1차적인 판단이나 해석의 간섭현상을 차단하기 위해 모국어 대신 언어습득에 최적화된 그림 이미지를 이용해 외국어를 학습하는 방법이다. 따로 정의를 내리지 않았을 뿐이지 우리는 이미지 메이킹 방식으로 우리나라 말인 국어를 모국어로써 받아들였다. 우리가 어렸을 때 보던 그림책, 낱말카드, 엄마의 손짓 발짓, 이 모든 것이 우리나라 말의 이미지 메이킹을 위해서 고안된 것들이었다.

이미지 메이킹, 이렇게 한다

- 이미지 메이킹의 대상은 '묘사적 표현의 순수 문장'이다

영어 문장은 크게 '순수 문장'과 '응용 문장' 둘로 나뉜다. 둘 가운데 이미지 메이킹의 대상이 되는 것은 바로 묘사적 표현의 순수 문장이다. 응용 문장은 이미지 메이킹하기도 어렵거니와 순수 문장을 정확히 이미지화하기만 하면 얼마든지 만들어 낼 수 있기 때문이다.

---

1. He stands over there. - 순수 문장
2. He talks about me. - 순수 문장
3. He is standing over there talking about me. - 응용 문장

이와 같이 두 순수 문장을 이용해서 새로운 응용문장이 만들어졌다. 이 예로 알 수 있는 것처럼, 우리가 영어실력이 뛰어나다고 하는 것은 얼마나 많은 순수 문장을 자기 것으로 만들어 갖고 있느냐 하는 것을 가리킨다.

그럼 순수 문장이란 과연 뭘까? 순수 문장은 부가적 표현이 붙지 않은 가장 기본적인 형태의 문장으로서, 여기에 여러 가지 표현들이 덧붙여짐으로써 다양한 응용 문장이 만들어지는 것이다.

물론 가장 기본적인 형태의 문장이라고 해서 그 형태가 '주어+동사' 식으로 딱 정해져 있는 것은 아니다. 순수 문장은 개인의 능력에 따라서 약간씩 차이가 난다. 예를 들어 'I'm here to see you.'라는 문장이 있다면, 어떤 사람에게는 'I'm here.'가 순수 문장이 되지만, 어떤 사람에게는 'I'm here to see you.'가 순수 문장이 된다. 요컨대 가장 최소 단위의 순수 문장을 이미지 메이킹을 통해 마스터했다면 거기에서 한 단계 응용된 문장이 이번에는 순수 문장의 역할을 하는 것이다. 'I'm here.'가 순수 문장인 사람은 그 단계에서 'to see you'라는 부가적인 표현을 더 배워야 하고, 'I'm here to see you.'가 순수 문장인 사람은 거기에 살을 더 붙이는 연습을 해야 하는 것이다.

- 이미지 메이킹을 할 때 지켜야 할 규칙 두 가지

첫째, 어떤 영어 문장을 봤을 때 일단은 절대 우리말로 해석하려고 하지 말 것.

둘째, 그 문장의 이미지를 머릿속에 그림으로 그려 넣을 것. 이때 이미지를 하나의 큰 그림으로 나타내는 것도 괜찮지만, 보다 효과적인 방법은 그 문장의 부분 부분을 이미지화시킨 뒤 최종적으로 전체적인 이미지를 유추하는 것이다. 즉 정확한 영어 문장을 구사하기 위해 꼭 필요한 구문들을 부분 이미지화시킨 뒤 하나의 그림으로 완성하는 것이다.

I go   to school   with my friends.

이미지 메이킹은 문장을 통째로 암기하는 것이 아니라 위의 예와 같이 의미를 형성하는 부분으로 문장을 자르게 된다. 그런 뒤각 부분을 이미지화함으로써 그것을 다시 모으면 원래의 문장이되고 다른 문장에서 사용하면 정확한 영어 문장을 만드는 데 효과적으로 도움이 되는 것이다. 'I go to school with my friends.'는 각각 'I go', 'to school', 'with my friends'로 이미지화되고 이각각의 부분들은 다른 문장에서 완벽하게 적용될 수 있다.

> 1. **I go** to the library.
> 2. I didn't go **to school** yesterday.
> 3. I go shopping **with my friends.**

어떤 한 문장을 만든다는 것은, 내가 알고 있는 여러 개의 문장들에서 부분적인 이미지를 따로 분리시킨 뒤 그것들을 필요에 따라 다시 다른 형태로 결합시키는 것과 같다. 예를 들어, 내가 "I am on the road holding a book in my hand."라는 문장을 만들었다고 하자. 이것은

1. <u>I am</u> a boy.
2. A car is <u>on the road</u>.
3. She is <u>holding a book</u> under her arm.
4. There is an apple <u>in my hand</u>.

이 4개의 짧은 문장들에서 내가 문장을 만드는 데 필요한 각각의 이미지를 가진 구를 뽑아 내가 전혀 배우지 않았던 새로운 영어 문장을 만들어 낸 것이다. 물론 이 4개의 문장으로 더 많은 정확한 영어 문장을 만들 수 있다.

위의 예로도 알 수 있듯이 우리가 영어 문장을 만드는 데는 그 문장의 전체적인 이미지도 중요하지만, 그 문장을 구성하는 부분 부분의 이미지가 더욱 중요하다고 볼 수 있다. 이 부분적인 이미지들이 새로운 문장을 만드는 데 결정적인 역할을 하기 때문이다. 따라서 우리는 영어 문장을 익힐 때 문장의 부분 부분을 따로 이미지화한 뒤 그것들을 하나하나 누적시켜 문장 전체의 이미지를 만들어 가는 훈련을 해야 한다. 이것이 바로 이미지 메이킹 학습법이다!

- 이미지 메이킹의 실전 예시

그럼 구체적으로 이미지 메이킹을 어떻게 하는 것인지 예를 보면서 익히도록 하자. 단 지금부터 그림으로 설명되는 이미지들은 실제로는 우리 각자의 머릿속에서 그려져야 하는 것들임을 잊지 말자.

먼저 "A car is running on the road."라는 문장을 보자. 이 문장은 "A car / is running / on the road."라는 구들로 이루어져 있다. 이 구들을 각각 이미지화하면 아래와 같은 그림이 나올 수 있다.

A car   is running   on the road.

물론 모든 사람이 위와 똑같은 그림을 그려야 하는 것은 아니다. 각자 자신의 개성에 맞게, 자신이 이해할 수 있는 상황을 떠올리면 된다. 단, 의미를 가진 구는 반드시 그에 상응하는 이미지를 가져야만 하고, 문장을 읽어 나가는 데 따라 정확한 의미를 담고 있는 이미지들이 차곡차곡 누적되어, 문장을 다 읽었을 때는 정밀한 그림 하나가 머릿속에 남아 있어야 한다.

사실 말이 쉽지, 우리는 영어 문장을 읽는 순간 바로 해석을 하려는 습관이 있기 때문에 이미지보다는 우리말 해석이 먼저 떠오르게 된다. 따라서 영어 문장과 해석이 일대일로 나와 있는 책보다는 그림과 그에 상응하는 영어 표현이 나와 있는 자료가 훨씬 효과적이다. 영어 문장이 먼저 나오는 것보다 그림이 먼저 나와 있는 자료가 좋은데 그 이유는 영어 문장을 먼저 보면 우리는 자꾸 해석부터 하려고 하기 때문이다. 이렇게 영어를 익히게 되면 학습자에게 상황 대처 능력이 길러져 나중에는 어떤 말하고 싶은 것이 있을 때 머릿속에서 떠오르는 이미지나 느낌에 따라 자연스럽게 말을 할 수 있게 된다. 이렇게 그림을 통해 영어 문장의 뜻을 이해하는 것에 익숙해지면 순수 문장이 많이 쌓이게 되면 나중엔 어떤 영어 문장이라도 그림 없이도 어렵지 않게 영어 표현을 이미지화시킬 수 있는 능력도 생기게 된다.

- 부분 이미지의 활용

또 다른 예로 "There is an apple."이라는 문장을 보자. 이 문장을 약간 응용하면, "There is an apple on the table."이라는 문장을 만들 수 있다. 이 문장을 이미지화시켜 보면 다음과 같은 두 개의 그림이 이미지로 그려질 것이다.

There is an apple   on the table.

이 두 개의 이미지로 우리는 "There is an apple on the table." 이라는 문장의 이미지 외에 그 문장을 이루는 부분 즉 'There is an apple.'의 이미지와 'on the table'의 이미지 역시 자연스럽게 머릿속에 각인시킬 수 있다. 그래서 "There are books on the table."처럼 새로운 문장을 만들 때, 이 잘라진 영어 표현들을 아무런 장애 없이 이미지 도구로 자연스럽게 사용할 수 있다.

There are books   on the table.

다시 한 번 강조하지만 이처럼 의미를 가진 영어 구문을 이미지 메이킹하는 데 익숙해지면, 해석 없이도 문장의 의미가 자연스럽게 머릿속에서 그림으로 그려진다. 그래서 어떤 영문 소설을 읽으면 마치 아름다운 영화 한 편을 본 것 같은 잔상이 머리에 남는다. 우리말로 된 소설을 읽을 때 머릿속에서 그 장면 하나 하나가 실감나게 그려지는 것처럼 말이다.

말을 할 때도 마찬가지다. 정확한 영어 문장에서 유추된 부분들을 이용하기 때문에 자신이 하고자 하는 말의 뉘앙스나 개념만 명확하게 가지고 있으면, 제대로 된 문장을 정확하고 쉽게 만들 수 있다. 부분 이미지에 너무 의존하다 보면 가끔 문장 내에서 순서를 바꾸는 실수를 하게 되는데, 그것은 실제 언어를 주고받으면서 자연스럽게 고쳐질 수 있는 문제이므로 걱정하지 않아도 된다.

기존의 영어 학습법과 '이미지 메이킹 잉글리시 Q' 학습법의 차이

- '이미지 메이킹 잉글리시 Q', 영어를 느끼게 한다

'이미지 메이킹 잉글리시 Q' 학습법과 기존 학습법에는 여러 차이점이 있지만, 현존하는 영어책 중에서 가장 광범위한 영어 질문과 모든 상황에 대한 질문이 제시되어 있어 영어로 대화할 때 상당한 추진력을 만들어 줄 수 있다. 이미 말한 것처럼 영어 실력이 효과적으로 늘기 위해서는 답변 위주로 준비하는 것보다는 영어로 질문하는 실력이 중요하기 때문에 무엇보다 기존의 방식에서 업그레이드된 '이미지 메이킹 잉글리시 Q'는 영어 학습에서 새로운 방향을 제시할 것이다. 우선 '이미지 메이킹 잉글리시 Q' 학습법에 익숙해지면 영어 해석이 필요 없다. 책을 읽어도, 영화를 봐도 그냥 그 의미가 느껴진다. "There is an apple." 하면 "사과가 있다."가 아니라 바로 사과가 머릿속에 그려지고 먹고 싶다는 생각에 입안에 군침이 돌 것이다. 혹은 "어디? 어딨는데?" 하고 물을 것이다. 그 문장을 정확히 느끼고 있기 때문이다. 만약 해석을 통해 이해한다면 순간적으로 정확한 반응을 보이지는 못할 것이다. 영어 문장에서 정확한 느낌을 이미지로 학습했기 때문에 그 문장을 들으면 바로 느낌과 함께 반응이 나타나는 것이다.

대화를 할 때 영어에 대한 반응 속도는 엄청나게 빠르다. 우리말로 대화할 때 우리가 언제 일일이 해석하는가. 해석은 아무리 빨라도 그만큼 시간을 요구한다. 해석을 하느라 대화를 하는 사람이 대답의 기회를 자꾸 놓치는 것은 그만큼 반응이 지체되기 때문이다. 영어에 순간 반응하는 것이 익숙한 사람은 그만큼 영어의 모국어화가 진행된 사람이라고 할 수 있다. 이런 과정을 거쳐서 일단 영어에서 영어를 받아들이는 것이 가능하면 그 다음부터는 영어실력이 비약적으로 폭발하게 된다. 이게 언어의 정상적인 성장 과정이기도 하다.

- 이미지 메이킹, 영어 어순이 저절로 익혀진다

이미지 메이킹을 하는 사람들이 공통적으로 하는 말은 이미지 메이킹을 하면 단어들이 문장의 어디쯤에 위치해야 하는지, 문장이 어떻게 구성이 되어야 하는지 자연스럽게 감을 잡을 수 있게 된다는 것이다. 즉 문장이 이미지 단위로 나뉘어져 보이는 동시에 문장의 구조와 순서를 자연스럽게 파악할 수 있게 되었다는 것을 의미한다.

이것은 문장을 그냥 통째로 받아들인 것이 아니라 의미가 있는 부분으로 문장을 잘라서 개별적으로 받아들였기에 가능한 것이다. 그리고 그 잘라진 부분들은 대부분 문장 안에서 고유한 자기의 위치가 있다. 즉 어떤 문장에서 특정한 곳에 자리를 잡고 있는 부분은 다른 문장에서도 그쯤에 위치하게 된다.

---

1. I'd be walking <u>with my friends</u>.
2. I'm going to go out <u>with my friends</u> after school.
3. I'm just having dinner <u>with my friends</u>.
4. I'm a little too busy <u>with my friends</u>.

예시 문장을 보면 'with my friends'가 위의 각 문장에서 일정한 위치를 차지하고 있는 것을 볼 수 있다.

여러 영어 학습법 중에서 문장을 통째로 외우는 방법이 있다. 지정된 문장만 암기하면 영어가 자유자재로 된다는 말인데, 실제로 단어만 외우는 것보다는 효과가 있는 방법이다. 영어를 전혀 못하는 사람들이 이런 방법을 쓰면 처음에는 기적처럼 느껴질 것이다. 한마디도 못하다가 그렇게 해서 말문이 트이고 듣게 되었으니 말이다. 만약 영어권 국가에 있다면 이렇게 외운 문장들을 사용해서 말을 늘려갈 수 있고 상당히 효과적인 방법이 될 수 있을지 모르지만, 한국에만 있는 상황이라면 실제 사용되지 않는 문장들은 아무리 외워도 지속적으로 잊혀지기 때문에 계속 반복 암기를 해야 한다. 게다가 문장을 통째로 암기하면 이를 응용하기가 쉽지 않다. 문장을 쪼개서 생각해 보는 훈련을 하지 않아서 문장 전체를 사용하는 데만 익숙하기 때문에 내가 원하는 문장의 형태로 응용하는 것이 쉽지 않다.

어떤 의미가 있는 영어 표현이 보통 문장의 어디에 위치하는지를 아는 것은 영어 문장을 제대로 구성하는 데 정말 중요하다. 이런 문장의 구조와 표현의 순서에 대해 많은 정보를 가지고 있고 익숙해져 있어야 정확한 문장을 구성하고 자신이 부분적으로 이미지 메이킹을 한 내용들을 바탕으로 제대로 된 순서로 완전하고 올바른 문장으로 만들어 낼 수 있다. 이런 식으로 만들어질 수 있는 문장은 무한대이다. 무턱대고 문장을 외우는 것과는 비교도 할 수 없을 만큼 효율적이다. 통문장 암기는 100문장을 외우면 200문장 이상으로 응용하기가 그렇게 쉽지 않지만 '이미지 메이킹 잉글리시 Q' 방식으로 문장을 의미 단위로 잘라서 습득하고 그 순서를 익히게 되면 100개의 문장 습득만으로도 수천 개 이상의 응용된 문장을 만들어 낼 수 있게 되는 막강한 힘이 생기게 되는 것이다.

- '이미지 메이킹 잉글리시 Q'는 정확한 영어에만 반응하게 한다

'이미지 메이킹 잉글리시 Q'를 통해 영어에 익숙해지면 나타나는 한 가지 증상이 있다. 정확한 영어를 들으면 듣는 것과 거의 동시에 반응이 일어나는데 반해 콩글리시를 들으면 반응이 잘 안 일어난다는 것이다. 다시 말하면 콩글리시는 잘 못 알아듣는다는 것이다. 정확한 영어에 반응하는 것은 당연하고 익숙하지만 콩글리시는 정확한 표현이 아니기 때문에 연결되는 느낌이나 이미지가 전혀 느껴지지 않아 반응을 하고 싶어도 할 수 없다. 이때 즉시 그 문장을 해석하면 콩글리시는 바로 이해될 수 있을 것이다. 원어민이 콩글리시를 이해하지 못하는 이유를 자연스럽게 알 수 있는 것이다. 이게 바로 이미지 학습법과 기존 학습법의 가장 큰 차이다.

이미지 메이킹을 하면 왜 듣기 실력이 늘까?

'이미지 메이킹 잉글리시 Q'를 하면 말하기, 글쓰기는 물론이고 듣기 실력까지 향상된다. 말하기와 글쓰기는 그렇다고 쳐도 듣기를 따로 하지 않았는데 '이미지 메이킹 잉글리시 Q'만으로 어떻게 듣기 실력이 나아질 수 있을까?

이미지 메이킹은 문장을 '의미가 있는 구'로 나누어서 이미지로 받아들이는 작용이다. 바로 이 과정에서 단어 한 개씩 받아들이는 것과는 완전히 다른 효과를 내게 된다. 우선 단어가 문장에서 어떻게 사용되는지 모르고 개별적으로 받아들이는 기존의 단어 암기 방식은 단어와 해석 말고는 더 아는 것이 없다. 하지만 이미지 메이킹은 단어가 아니라 의미가 있는 동사구, 전치사구 등의 기준으로 나누어서 개별적인 이미지로 받아들인다.

Someone is knocking on the door.

이 문장은 다음과 같이 두 부분으로 나누어서 이미지화하게 된다.

Someone is knocking / on the door.

문장에는 단어끼리 어울리는 화음이 있다. be 동사 다음에 오면 잘 어울리는 화음과 그렇지 않은 불협화음의 규칙이 있다. 그런 것들을 문법이라고 하지만 이러한 단어들 간의 화음은 문법의 규칙을 뛰어넘는 것이다. 그런데 구를 중심으로 이미지화를 하면 단어들 간의 화음을 가장 잘 느낄 수 있다. 'on the door'가 제대로 된 화음이지만 'on door the'나 'the on door'는 화음이 잘 이루어지지 않는 시끄러운 불협화음이 되는 것이다. 이런 단어들 사이의 좋은 화음은 말을 하거나 글을 만들 때 즉흥적인 문장 구성력을 폭발적으로 증대시켜 준다.

'on the door'를 이미지화했다고 가정했을 때, 문에 노크를 하는 이미지를 떠올리면 단순히 'door'가 생각나는 것이 아니라 'on the door'가 떠오른다. 반면 단어만 외운 사람들은 'door'를 떠올리고는 어떤 전치사를 넣어야 하나 고민하게 된다.

이미지 메이킹의 강점은 바로 여기에 있다. 이렇게 구의 이미지로 받아들이는 이미지 메이킹을 하고 나면, 영어를 들을 때 한 단어 위주로 듣는 것이 아니라 내가 받아들인 이미지의 덩어리 위주로 영어를 듣게 된다. 'on the door'를 들을 때, 'door'만 듣고 'on the'의 발음이 약화되어 잘 듣지 못한다고 해도, 그 부분이 'on the'라는 것을 쉽게 예측할 수 있다.

이렇게 구 단위로 이미지 메이킹을 하면 문장을 좀 더 여유롭게 들을 수 있고 못 들은 부분마저 추론할 수 있는 여지가 생긴다. 여기에 발음 교정을 통해 정확한 영어 발음의 특성까지 파악할 수 있게 되면 듣기 실력은 더욱 더 정확해진다.

03

이미지 메이킹이
어렵게 느껴질 때

이미지 메이킹을 하는 데 어려운 점이 없는 것은 아니다. 하지만 그것은 본인 스스로의 재치로 쉽게 극복할 수 있는 것들이다. 내가 가장 어렵게 느꼈던 부분은 바로 시간의 경과를 이미지로 표현하는 것이었다.

시간의 경과를 어떻게
이미지로 표현할 수 있을까?

과거, 현재, 미래를 어떻게 이미지로 표현할 수 있을까? 여러 방법을 다 써보다가 결국 생각해 낸 것이 바로 머릿속의 이미지에 'today, yesterday, tomorrow, ~days ago, in ~ days, in ~ hours'라는 글자를 살짝 써넣거나, 그 이미지 속의 행위자가 구체적인 시간을 써넣은 푯말을 가지고 다니는 식이었다. 물론 이것은 수많은 방법 가운데 하나일 뿐이다. 이 방법이 아니어도 좋다. 자신이 쉽게 이해할 수 있는 자기만의 방법을 찾는 것이 효율적이다.

I swam in the river

two days ago.

예를 들어, 'I swam in the river two days ago.'라는 문장을 이미지 메이킹하면 위의 그림과 같이 나타날 것이다. 물론 꼭 저것과 같을 필요는 없다. 어차피 이미지 메이킹은 사람마다 다르게 나타나게 마련이니까. 내 머릿속에서 생겨나는 상상을 누가 막고 누가 통제할 수 있겠는가? 상상 속에서는 내가 왕이고 내가 법이다. 자신의 상상력을 최대한 발휘하라.

시간이나 장소를 묻는 표현은 어떻게 이미지화할 수 있을까?

앞에서도 잠시 언급했지만, 시간을 이미지로 나타내는 것은 정말 어려운 일이다. 그래서 'when 이나 'what time, how long' 같이 시간을 나타내는 말들은 노골적으로 그림에다 삽입하는 것이 좋다. 이 노골적인 삽입 또한 익숙해지면 하나의 이미지가 된다. "When did you get the book?"를 예로 들어 보자. 이 문장은 크게 'When did you get'과 'the book'의 두 부분으로 나누어 이미지화할 수 있다.

When did you get

the book?

'when did you get'을 더 잘게 자르지 않고 한 덩어리로 묶어 표현한 이유는, 마치 한 단어처럼 사용되는 데다 따로 분리해 봤자 이미지화하기도 어렵고 학습자를 헷갈리게 할 수도 있기 때문이다.

이런 종류의 말들, 즉 'What do you…, When do you…, Where do you…, How do you…, Why do you…' 같은 추상적인 말들은 항상 어떤 구체적인 동사와 연결해서 마치 한 단어처럼 사용하는 습관을 들여야만 한다. 추상적인 것보다는 구체적이고 묘사적인 것이 이미지화시키기도 쉽고 효과도 크기 때문이다.

과거, 현재진행, 미래 등의 시제를
어떻게 이미지로 표현할 수 있을까?

시제 문제도 그렇게 어렵지 않게 해결할 수 있다. 몇 가지 형식만 알고 있으면 "I go there at 6."와 같은 기본 문형을 곧바로 과거, 미래, 과거 완료, 미래 완료 그리고 진행형의 문장으로 만들 수 있다. 문제는 역시 기본 문형을 얼마나 알고 있느냐다. "I go there at 6."를 여러 가지 시제로 바꾸어 보자.

> 1. I am going there at 6. (여기서는 진행이 아니라 가까운 미래)
> 2. I went there at 6.
> 3. I had gone there at 6.
> 4. I will go there at 6.

위의 문장들을 가만히 살펴보면 기본 문형에서 형태만 약간씩 변했다는 것을 알 수 있다. 이는 곧 순수 문장을 최대한 많이 이미지 메이킹해서 자기 것으로 만들면 정확한 영어의 테두리 내에서 개인의 능력에 따라 많은 문장을 자유자재로 만들어 낼 수 있음을 의미한다.

의문문이나 조건문, 명령문 등은 어떻게 이미지 메이킹할까?

- 영어 공부, 기본에만 충실하면 정말 쉽다

정말 많은 사람들이 이런 의문을 갖는다. 이미지 메이킹의 한계가 바로 이것 아니냐고 따지는 사람들도 몇 명 만났다. 이런 사람들의 공통점을 굳이 찾자면, 영어를 너무 어렵게 생각한다는 점이다. 이렇게 묻는 사람치고 의문문이나 조건문, 명령문은 고사하고 평서문조차 제대로 구사하는 사람이 드물다. 이런 사람들이야말로 의문문이나 조건문을 걱정할 게 아니라 정작 평서문이라도 어떻게 정확하게 구사할 수 있을까를 걱정해야 하는 건 아닐까 하는 생각이 든다.

한 가지 명심할 것은, 우리가 이미지화해야 하는 것은 영어로 표현되는 모든 문장이 아니라, 우리가 말하는 데 필요한 평서문 형태의 묘사적 표현이 가능한 '순수 문장'이라는 점이다. 이런 가정을 한번 해 보자. 일상생활에서 흔히 일어나는 일들과 자신이 말하고자 하는 것들을 거의 모두 이미지화해서 확실히 그 개념이 있고, 언제라도 그것들을 꺼내 쓸 수 있다고 치자. 그렇다면 그 이미지화한 것들을 의문문, 조건문, 명령문, 중문, 복문 그 외의 여러 가지 문장 유형에 적용하는 데 얼마만큼의 시간이 걸릴까? 그렇게 오랜 기간이 걸리지는 않을 것이다. 그 이유는 우리가 이미 기본 문형이라고 할 수 있는 순수 문장을 평서문의 형태로 머릿속에 이미지로 각인시킨 상태이고, 평서문 이외의 문형은 영어 문장을 접하면서 자연스럽게 다른 형태로 인식되기 때문이다.

　이해가 잘 안 간다고? 좀 더 차근차근 설명해 보겠다. 우선 가장 중요한 사실은 이미지 메이킹은 순수 문장을 기본으로 한다는 점이다. 요컨대 'If, Why, How, When, What, Although' 등과 같은 의문사나 접속사로 연결된 문장들은 다루지 않는다는 것이다. 물론 응용 표현에서는 의문사나 접속사로 연결된 문장들도 다룰 것이다. 하지만 이미지 메이킹은 따로 하지 않는다. 그 이유는 이런 문장들은 우리가 이미 알고 있는, 즉 우리 머릿속에 이미 이미지화되어 있는 순수 문장에 부가적인 요소들이 덧붙여진 문장이기 때문이다. 따라서 기본 문형인 순수 문장을 이미지 메이킹으로 충분히 익힌 뒤 몇 안 되는 부가적인 요소들을 적절히 활용하는 법만 익힌다면 아무런 문제가 없다. 즉 우리가 이미지화한 기본 문형에 의문사나 접속사, 관계사만 적절히 붙여 주면 된다는 말이다. 단계를 밟아 가면서 차근차근 해 나가면 이렇게 해결할 수 있는 걸 굳이 하나하나 모조리 이미지 메이킹하느라고 고생할 필요가 뭐 있겠는가? 영어, 기본에만 충실하면 누구나 다 할 수 있다.

- 모든 영어 문장은 평서문에서 유추하면 만사 O.K

우리가 어렵다고 생각하는 괜히 그런 느낌이 드는 의문문, 감탄문, 명령문, 청유문, 조건문, 가정문 등의 문장 형태들은 사실 시작만 다를 뿐 거의 평서문 순서다. 또 아무리 길고, 복잡하게 연결되어 있는 문장이라 해도, 그 문장을 잘 들여다보면 역시 여러 개의 평서문으로 이루어져 있음을 알 수 있다.

이렇듯 모든 문장 유형은 평서문의 형식에서 유추하면 '만사 O.K'다. 그래서 이미지 메이킹 훈련은 평서문을 기본 유형으로 삼는다. 예를 들어 "When did you come to Korea?"라고 묻고 싶을 때, 조금만 연습하면 누구나 'When did you…'까지는 어렵지 않게 말할 수 있다. 문제는 그 뒤에 나오는 확장된 문장표현이다. 즉 진짜 영어실력은 그 뒤에 나오는 평서문을 얼마나 정확하고 세련되게 구사하는가로 판가름 난다는 것이다. "you come to Korea."는 분명 평서문이다.

또 다른 예로 "If I were you, I would study hard."라는 문장을 보자. 앞에 있는 'If I were you'는 이미 우리의 머릿속에 들어 있는 고정화된 조건문의 시작 형태이므로, 구태여 다시 이미지화시킨다고 애쓸 필요가 없다. 따라서 우리의 영어실력을 판가름하는 것은 바로 뒤에 따라 나오는 'I would study hard.' 바로 이 문장이다. 'If I were you'라는 문형은 절대 변하지 않는다. 물론 인칭이나 사람에 따라서 주어와 목적어가 달라질 수는 있다. 하지만 항상 같은 형태를 유지한다는 건 누구나 아는 사실이다. 즉 'If you were me, If he were you, If she were me' 이런 식으로 변화하기는 하지만, 그 기본 형태는 변하지 않는다는 말이다. 그래서 몇 개 안 되는 이런 변화만 반복 숙지하면 누구나 어려움 없이 이런 표현을 말하고 쓸 수 있다.

정작 중요한 것은 구체적인 상황이나 동작을 설명하는 뒤에 나오는 평서문이다. 이것은 정말 헤아릴 수도 없을 만큼 그 경우의 수가 많기 때문이다. 그러나 걱정할 필요는 없다. 기본 문형, 즉 순수 문형을 이미지화해 각인시켜 놓으면 이러한 수많은 변화된 형태에 얼마든지 자유자재로 대처할 수 있다.

- 순수 문장을 마스터하면 고급 영어에 대한 욕구가 절로 생긴다

순수 문장을 계속 이미지화하다 보면 여러 가지 의문사나 접속사를 섞어 더 길고 다양한 멋진 영어 문장을 만들고 싶다는 욕구가 자연스럽게 생기게 된다. 사실 여러 가지 연결사를 이용해 새로운 문장을 만들어내는 것은 그리 어려운 일이 아니다. 예를 들어 "There is an apple."이라는 순수 문장을 머릿속에 이미지로 각인시켰다고 하면,

1. Is there an apple?
2. If there is an apple, give me that.
3. There is an apple in the basket.
4. There is an apple you can eat.

  이런 식으로 여러 가지 문형들을 만들어 내는 영어 문장을 접하면서 자연스럽게 익혀진다. 그런데 기본 문형인 순수 문장이 너무 쉽게 느껴져서일까? 많은 사람들이 정작 중요한 순수 문장을 자기 것으로 만드는 데 너무나 소홀하고, 위에서 예로 든 1~4와 같은 문형들에만 관심을 가지고 있는 듯하다.

  의문문이나 조건문 같이 이미 그 자체로 응용이 완결된 형식의 문장들은 이미지화하기도 어렵고, 그것을 다시 다른 상황에 적용하기도 어렵다. 영어를 다양하게 응용, 활용하고 싶다면 이미 완성된 문장을 학습할 것이 아니라 다른 많은 문장을 완성할 수 있는, 즉 다른 문장으로 응용이 가능한 순수 문장들을 잘라서 이미지화해야 한다. 기본 문형인 평서문 형태의 순수 문장은 거의 이미지화가 가능하다.

전문적이고 학술적인 문장은
이미지화가 어렵지 않을까?

- 초등학생이 미적분을 어려워하는 건 당연하다

가끔 나는 이런 말을 듣는다. 일상생활에서 쓰이는 간단한 문장은 쉽게 이미지화되지만 전문적이고 학술적인 문장은 어떻게 이미지화시키냐는 것이다. 예를 들면 인종차별, 공해, 법률 문제 같은 것들 말이다. 하지만 나는 걱정 말라고 간단히 말한다. 그런 것들은 이미지화의 대상이 아니다. 이미 말한 것처럼 이미지화의 대상은 묘사적인 평서형 문장들이 기본이다. 추상적인 문장들이 아니라는 것이다. 인종차별, 공해, 법률 같은 것들은 추상적인 것들이다. 추상적인 것들은 묘사적인 표현들을 충분히 받아들인 다음에 받아들일 수 있는 개념들이다. 그래서 미리 추상적인 표현들을 어떻게 받아들일까를 미리 걱정할 필요는 없다. 이미지화를 통해서 묘사적인 표현들을 충분히 잘 받아들이면 추상적인 표현들은 어떻게 받아들일 수 있는지를 자연스럽게 알게 된다. 묘사적인 기본적인 표현들도 모른 채 추상적인 표현을 걱정하는 것은 산수도 잘 모르는 상태에서 '미적분을 어떻게 풀지?' 하고 낙담하는 것과 같다.

산수를 잘 해결하고 그 다음에 인수분해를 배우면 미적분으로는 자연스럽게 들어가게 되어 있는 것이다.

순수 문장을 이미지화시키면 긴 문장을 자유자재로 구사할 수 있을까?

- 요리사가 갖춰야 할 4가지: 재료, 기구, 기술, 열정

　내가 순수 문장의 중요성에 대해 이야기하면 많은 사람들이 이런 질문을 한다. "정말, 순수 문장을 많이 알고 있으면 자연스럽게 문장과 문장이 연결되면서 긴 문장도 별 어려움 없이 자유자재로 구사할 수 있나요?" 결론부터 말하자면 "YES"다. 물론 그렇다고 해서 노력 없이 나중에 그 순수 문장들이 자기들이 알아서 스스로 복합 문장이나 긴 문장으로 변하는 것은 아니다. 여러 가지 순수 문장을 공부했으면, 요컨대 요리의 재료를 갖췄으면 이제 서서히 그 문장을 요리할 준비를 해야 한다. 그 전에 우선 요리 기구를 마련해야 한다. 요리 기구라고 해서 거창한 것은 없다. 문장을 연결시키는 접속사, 관계대명사, 전치사, 분사 정도가 전부니까.

　요리 기구를 준비했으면 그 사용법을 실제 응용된 문장을 통해서 익힌다. 요리법을 익히는 것이다. 이 과정은 그리 복잡하지도 어렵지도 않으므로 크게 걱정하지 않아도 된다. 무턱대고 외우는 게 아니라 내가 아는 문장을 여러 가지 접속 매개체를 이용해 연결시키는 훈련만 하면 된다. 문장을 구성할 수 있는 능력만 있다면 누구나 쉽게 할 수 있는 바로 그런 일이다. 문장을 구성할 수 있는 능력이라니? 그건 바로 순수 문장을 얼마나 많이 알고 있느냐 하는 걸 가리킨다.

예를 들어 보자. 'You know it.'과 'You raise your hand.'라는 두 문장을 내가 알고 있다고 하자. 이 두 문장은 'if'를 사용해서 'If you know it, raise your hand.' 혹은 'If you want to know it, raise your hand.'라고 응용할 수 있다. 그런가 하면 'He knew it and raised his hand.' 또는 'By raising your hand tell me if you know it or not.' 이렇게도 응용할 수 있다. 마음만 먹으면 이미지화를 통해 준비된 순수 문장을 무궁무진하게 다양한 형태로 응용할 수 있다. 물론 처음부터 쉽게 되지는 않겠지만 많은 문장을 접하면서 문장의 쓰임과 연결을 잘 관찰하면 어렵지 않게 익숙해질 수 있다.

- 요리의 기본은 재료, 영어의 기본은 순수 문장

나는 예전에 악기를 가르친 적이 있다. 연주 기법 가운데 비브라토라고 음을 자연스럽게 떠는 테크닉이 있는데, 이 기법을 쓰면 연주의 맛이 훨씬 깊어진다. 그래서 많은 초보자들이 억지로 이것을 흉내 내려고 했는데, 이것은 어느 정도 숙련이 되면 저절로 터득되는 것으로, 초보자가 쉽게 연습해서 흉내 낼 수 있는 게 절대 아니다.

문장의 연결도 마찬가지다. 문장의 연결은 순수 문장의 개념이 아직 없는 영어 초보가 걱정할 일이 아니다. 영어 초보자는 순수 문장을 위주로 표현하는 것이 익숙해지도록 훈련하는 것이 순서다. 그리고 순수 문장을 기본으로 공부하다 보면 자연스럽게 문장 연결의 필요성과 호기심이 생긴다. 즉 순수 문장을 어느 정도 구사할 수 있게 되면 자연스럽게 좀 더 긴 문장, 좀 더 어려운 문장에 대한 갈증과 욕구가 느껴지게 되어 있다. 그러면 그때부터 순수 문장들을 연결해 나가는 것을 시작하면 된다. 그때부터 하면 너무 늦지 않냐고? 천만의 말씀. 오히려 이때가 가장 적당한 때다.

만약 초보자가 문장의 연결을 한다고 생각해 보자. 어색할 뿐더러 순수 문장을 만들지도 못하는데 어떻게 문장을 제대로 연결할 것이며 어떻게 응용할 수 있겠는가? 마치 요리할 재료는 없고 요리 기구만 달랑 가지고 있는 것과 같다. 요리를 잘하는 비결은 간단하다. 좋은 재료를 충분히 준비하고 즐거운 마음으로 레서피 대로 하면 된다. 맛있는 요리의 첫째 조건은 좋은 재료다. 아무리 기구가 좋고 요리 기술이 뛰어나도 재료가 없으면 요리할 수가 없다. 요리의 기본은 재료, 영어의 기본은 바로 순수 문장이다.

긴 문장을 만났을 때
이미지 메이킹을 적용하는 요령

- 쪼개지는 문장은 일단 분해하자

짧은 문장은 학습하기 쉬우므로 별다른 요령이 필요치 않다. 하지만 긴 문장을 만나면 요령이 필요하다. 처음부터 긴 문장을 통째로 외우려 하면 머리에 쥐가 날 것이므로, 우선 문장을 이미지 단위로 자른 다음 각각의 이미지를 만들어가면서 그 부분 부분의 순서를 익히는 식으로 공부하는 것이 좋다. 여기서 부분 부분의 순서를 익히라는 말은 해당 부분이 문장 어디쯤에 위치하는지를 기억하라는 말이다. 이런 식으로 그 문장의 학습을 다 끝내면 전체 문장을 완벽하게 소화하는 것은 말할 것도 없고, 부분 부분 익힌 구문 실력 탓에 나중에 영어 문장을 얼마든지 자유자재로 응용해서 사용할 수 있다.

예를 들어 'When I was 20 years old, I almost hit someone passing by in the street while I was driving my car and it startled me terribly.' 이런 문장이 있다고 하자. 물론 문장이 아무리 길더라도 영어의 어법이나 표현 스타일을 잘 알고 있으면 쉽게 받아들일 수 있다. 하지만 아직 영어가 서툰 사람들은 이런 문장을 보면 한숨부터 나올 것이다. 이렇게 긴 문장은 절대로 한꺼번에 외우려고 하지 마라. 똑같은 형태로 사용되는 경우도 거의 없거니와, 잘 외워지지도 않고 설령 외운다고 해도 금방 까먹게 마련이다.

우선 이런 문장을 만나면 받아들이기 쉽게 쪼개라. 우리가 음식을 먹을 때 소화되기 쉽게 씹어서 잘게 잘라 먹는 것과 같은 이치다. 만약 음식을 잘게 씹지 않고 그냥 삼키면? 보나마나 소화가 잘 안 돼 금방 체할 것이다.

그럼 지금부터 위에서 예로 든 문장을 소화하기 쉬운 형태로 잘라보자.

When I was 20 years old / I almost hit someone / passing by in the street / while I was driving my car / and it startled me terribly.

위와 같이 문장을 분리해서 각각 의미를 가진 부분으로 나누고 이것을 각각 따로 이미지화한다. 그러면 각각의 이미지가 생성되고 이렇게 각각 나누어진 이미지들을 순서대로 모으면 원래의 정확한 문장이 된다. 이런 식으로 문장을 잘라서 공부하면 문장의 구성력이 길러져 완벽한 전체 문장을 힘들이지 않고도 내 것으로 만들 수 있게 된다. 게다가 부분 부분의 이미지는 독립적으로 익혀지는 것들이기 때문에 설사 나중에 어느 일정 부분을 잊었다고 해도 각각 이미지화 된 다른 부분들은 다른 문장에서 독립적으로 사용이 가능하다. 예를 들어보자.

1. I saw a person <u>passing by</u>.
2. <u>When I was 20 years old</u> I went to college.
3. <u>I almost hit someone</u> by mistake.
4. He <u>startled me terribly</u> by showing up suddenly.

위와 같은 식으로 각각 따로 학습된 부분 표현들은 이미 정확한 영어 문장에서 습득된 표현들이므로 이것들로 새로운 문장을 만든다고 해서 그게 콩글리시가 될 리는 없다. 영어적인 느낌에서 만들어지는 정확한 영어 표현이 되는 것이다.

- 중요한 건 구문, 짧은 문장도 쪼개라

긴 문장뿐만이 아니다. 짧은 문장도 다른 문장을 만들 때 긴요하게 쓰일 만한 부분들은 꼭 쪼개서 독립적으로 학습하는 것이 좋다. 예를 들어 'I went out to buy milk.' 같은 문장을 보면 to 부정사 구문이 있다. 이런 구분은 나중에 긴 문장을 만드는 데 아주 긴요하게 사용된다. 나는 학습을 할 때 'I went out'과 'to buy milk'의 두 구문을 따로 독립직으로 이미지화시켜 이 부분들을 확실히 익힌 다음, 이 두 구문을 연결시켜 몇 번 연결된 이미지를 만들어 보는 식으로 학습한다.

전체 문장은 정확히 몰라도 상관없다. 하지만 'I went out'과 'to buy milk'는 정확히 알고 있어야 한다. 이 두 개만 정확히 알고 있으면 'I went out to buy milk.'를 쉽고 정확하게 만들어 낼 수 있다. 게다가 이 두 구문을 활용하면 'I went out for a walk.'이나 'I have to stop by the store to buy milk.' 등의 문장을 얼마든지 만들 수 있다.

- 쪼개라, 그러면 영어가 보일 것이다

너무 중요한 것이어서 다시 말한다. 영어 문장을 학습할 때 그 문장이 쪼개지면 반드시 쪼개서 받아들여라. 'The wind blows'는 쪼개지는 문장이 아니다. 하지만 'The wind blows whenever I go fishing.'은 'The wind blows'와 'Whenever I go fishing'으로 쪼개진다. 'The wind blows whenever I go fishing.'을 알고 있으면 그 활용도는 대개 그 문장에서 그치는 경우가 많지만, 'The wind blows'와 'Whenever I go fishing'을 쪼개서 각각 독립적으로 알고 있으면 그 문장뿐만 아니라 다른 문장에 응용할 수 있는 준비도 함께하는 셈이 된다. 이렇듯 영어를 얼마나 길게 잘 말할 수 있느냐는 긴 문장을 얼마나 많이 알고 있느냐가 아니라 부분적인 영어 표현을 얼마나 많이 알고 있느냐에 달려 있다.

뒤에서 다룰 이미지 메이킹 1단계 학습법에서 각각의 그림 표현을 이용해 문장을 잘라 놓은 것도 자연스럽게 영어 문장을 해석과 문법을 개입시키지 않고 효과적으로 학습할 수 있도록 하기 위함인 것이다.

04

이미지 메이킹
실전 1단계

이미지 메이킹 1단계 (I.M.E.Q - STEP1)
- 그림을 이용한 이미지 메이킹 (90%)
- 상황 설명을 이용한 이미지 메이킹 (10%)

언어는 결국 느낌이고 습관이다

자신의 의도나 생각하는 바를 가장 잘 나타내주는 단어나 구를 얼마나 자연스러운 형태로 배열하느냐, 즉 단어와 단어를 조화롭게 습관적으로 잘 배열하느냐가 영어를 잘하는 비결이다. 단어와 단어, 구와 구는 잘 어울리는 화음처럼 서로 친밀성을 갖고 있는 것끼리 어울리려는 습성이 있다. 그 친밀감을 위해서는 우리는 많은 문장을 접해 봐야 하고, 정확한 문장을 통해 서로 잘 어울리는 즉, 서로 연관되어 항상 사용되는 단어들을 문장 안에서 직접 관찰해야 한다. 우리가 외국어를 제2의 모국어로 습득하려면 이런 단어들의 친밀감에 대한 감각을 몸에 배게 하는 것이 무엇보다도 중요하다. 언어는 결국 느낌이고 습관이니까 말이다.

이미지 메이킹 실전 1단계에서는 두 가지 방식이 제시된다. 그림을 이용한 이미지화와 상황 설명을 이용한 이미지화가 그것이다. 이 두 가지 방식을 병행할 때는 그림을 이용한 이미지 메이킹을 보다 중점적으로 이용하는 것이 효과적이다. '이미지 메이킹 잉글리시 Q' 시리즈에서는 그림을 이용한 이미지화 학습 자료를 중심으로 구성되어 있다.

- 반드시 이미지 메이킹에 적합한 형태의 그림을 이용한다

이 단계는 이미지 메이킹의 입문이자 이미지 메이킹 학습법 중 가장 중요한 부분이라고 할 수 있다. 이 과정을 간과하고 다음 단계로 넘어가지 않도록 주의한다. 기존에 영어를 해석과 함께 학습하던 잘못된 습관을 없애는 단계이므로 해석 없이 영어를 이해할 수 있도록 만들어진 그림 자료가 중요하다. 이미지 메이킹에서 다루는 그림 자료는, 기존에 영어 문장 전체를 하나의 그림으로만 표현하는 책들과는 그 목적과 의도가 확실히 다르다. 이미지 메이킹에 최적화된 그림 자료는 부분부분(단어나 구)의 이미지들이 모여

하나의 문장을 구성한다.

1단계는 문장을 구성하는 부분 이미지들과 그 이미지들을 어떤 순서로 배열하는지를 익히는 단계다. 그러므로 그 의도에 맞게 만들어진 그림(의도적으로 사용된 컬러의 변화, 화살표의 위치까지 치밀하게 계산되어야 하고 그림이 만들어 낼 수 있는 의미 전달에서의 오차를 최대한 줄인, 그림 자료이어야 한다.)을 통해 학습해야 한다. 이런 차이점들이 다른 보통 그림 자료들과 비교해 별다른 차이가 날 것 같지 않지만 이미지 메이킹을 해 본 사람들은 이런 사소한 차이가 엄청 다른 결과를 만들어 낸다는 것을 이미 경험을 통해 알고 있다.

이 책에는 그림을 이용해 이미지화하는 방식 40개, 상황 설명을 이용해 이미지화하는 방식 40개가 예제로 나온다. 그림 자료는 많으면 많을수록 좋기 때문에 다음에 나오는 학습서부터는 전치사를 시작으로 동사까지 충분히 학습할 수 있는 양이 시리즈로 나온다.

- 문장 전체보다 잘라진 부분을 개별적으로 아는 것이 더 중요하다

이미지 메이킹을 할 때는 문장 전체가 아니라 잘라진 부분 하나하나에 관심을 두고 개별적으로 이미지화하는 데 노력해야 한다. 그렇게 연습한 개별 이미지들이 합쳐져서 원래의 문장을 만들 수 있고 이를 응용하여 다른 문장들을 만들 수도 있기 때문이다.

- 처음에는 양보다 질, 탄력이 붙으면 문장의 수를 늘리자

처음 이미지 메이킹을 시작할 때는 학습하는 양에 너무 집착하지 말아야 한다. 영어 문장을 처음부터 많이 익히는 것이 중요하지 않다. 해석하는 습관을 버리고 그림으로 의미를 받아들이고 이미지화하는 과정에 익숙해지는 것이 더 중요하다. 처음에는 하루에 몇 문장밖에 못 하더라도 천천히 꼼꼼하게 해 나가야 한다. 그러다가 이미지화하는 작업이 익숙해지면 전보다 문장을 익히는 속도가 빨라지고 하루에 익히는 문장의 수도 늘어나게 된다.

- 기분전환 겸 상황 설명을 통한 이미지 메이킹을 이용하자

이 책에 실린 상황설명 문장들은 원어민이 자주 사용하는 표현이지만 우리가 잘 모르는 것, 다른 회화 책에는 잘 안 나오지만 우리가 꼭 알아야 할 표현들이다. 미국 영화와 대중 소설, 아리랑 TV 그리고 영어 공부 모임에서 원어민과 얘기하다가 중요하고 필요하다고 생각되는 것들을 그때그때 메모했던 것들 중에서 샘플로 골라 본 것이다. 상황 설명은 어떤 식으로 하는 것인지를 보여주기 위한 것이라고 보면 된다.

이미지 메이킹 초기에는 아직 상황 설명에 나오는 문장들을 제대로 받아들이지 못하는 상태라 할 수 있다. 그렇다면 그림으로 하는 이미지 메이킹과는 달리 상황 설명에 나오는 문장들을 그냥 한 덩어리로 받아들이는 수밖에 없는데, 이렇게 하다 보면 어려워져서 암기 위주의 학습이 될 수도 있다. 하지만 그림을 통한 이미지 메이킹에서 접하지 못하는 실질적인 영어 표현을 재미있게 상황 설명을 통해서 접할 수 있는 기회이기 때문에 이미지 메이킹용 그림을 들여다보다가 잠시 머리를 식히는 정도로 보면 좋겠다.

- 다른 학습법과 병용하지 않고 6개월 이상 꾸준히 한다

지금까지 나온 학습법 중에는 이미지 메이킹과 병용해서 하기 좋다고 권할만한 방법이 없다. 모두 해석과 문법에 관련되어 있기 때문이다. 다른 학습법은 일단 접어두고 이미지 메이킹을 적어도 6개월 이상 꾸준히 해야 한다. 그래서 6개월이 지난 시점에서 스스로를 체크해, 좀 더 해야 할지 다음 단계로 넘어가야 할지를 결정해야 한다. 일반적으로 6개월이 지나면 이제 영어가 제대로 보이는 시기다. 만약 이 단계를 제대로 거쳤다면 'SENDIC' 어플과 영영사전, 'Collocation' 사전을 제대로 사용할 수 있는 단계에 들어섰다고 볼 수 있다.

- 실질적인 연습이 필요하다

이미지 메이킹은 입을 다물고 하는 학습이 아니다. 눈으로는 보고, 입으로는 말하고, 손으로는 쓰고, 귀로는 듣는 것이 바로 이미지 메이킹이다. 이미지 메이킹을 시작할 때 중요한 것은 발음 교정도 같이 시작해야 한다는 점이다(발음 교정은 '영어 발음의 신' 책을 참고). 발음 교정과 함께 이미지 메이킹을 할 때는 항상 영어로 말하는 습관을 들이고 영어 문장이 입에 붙어 있을 정도로 숙달시키는 것이 중요하다. 머릿속으로 상황을 떠올리고 입으로는 그 상황 속에 내가 있다고 생각하면서 말하는 연습이 중요하다. 말을 해보지 않으면 할 수가 없다. 듣기만 했는데 입으로 갑자기 영어가 유창하게 나온다는 것은 이미 말 안 해도 거짓말이다.

- 1단계 학습에 익숙해지면 반복과 응용을 시도하자

그림을 통한 이미지 메이킹을 통해 얻은 순수 문장이 익숙해지면 그 문장에 약간의 변화를 줘 그 문장에서 파생될 수 있는 여러 상황을 반복 학습한다. 예를 들어 'I go to school.'이라는 문장이 있다면, 'You go to school. He goes to school. She goes to school. They go to school. I went to school. Do you go to school? Does he go to school? Did you go to school?'과 같은

식으로 약간씩 변화를 주어 학습하는 것이다. 되도록이면 한 문장을 이렇게 여러 가지로 바꾸어 보는 것이 바람직하겠지만, 어떤 문장을 2인칭으로 바꾸었다면 다른 문장은 3인칭으로 바꾸어 보고, 또 다른 문장은 과거형으로 바꾸어 보는 식으로 학습하는 것도 좋다.

이런 공부 방법이 중요한 이유는 영어를 어느 정도 하는 사람도 이런 부분에서는 익숙하지 않으면 흔히 실수를 하기 때문이다. 주어와 동사를 일치하게 만드는 것을 틀리거나 시제를 틀리는 것은 이런 훈련이 부족해서 나타나는 현상이다. 우리 주위에서 보면 'He go to school.' 같은 문장을 쓰는 사람들이 의외로 많다. 몰라서 틀린다기 보다는 익숙지 않아서 순간적으로 틀리는 것이다. 이게 잘못된 것인지는 알고 있더라도 습관처럼 입에 배어 있지 않아서 순간적으로 입을 통해서 나올 때 아무런 잘못된 느낌을 갖지 못하고 잘못된 형태로 그냥 나오기 때문이다.

이런 실수는 연습을 하기만 하면 금방 좋아질 수 있다. 문장을 학습할 때 한 문장에 하나의 변화만 주어서 연습해도 이런 간단한 시제나 일치에서의 실수는 결코 하지 않는다. 문제의 해결 방법은 반복을 통한 표현의 익숙함을 기르는 것이다.

I am…, I was…, I have…, I don't…, I didn't…, Do I…, You are…, You were…, You have…, You will…, You don't…, You didn't…, Do you…, He is…, He was…, He has…, He doesn't…, He didn't…, Does he…, He is going to….

이런 것들 가운데 자기가 잘 틀리는 것을 인칭별 리스트로 만든 다음 익숙하게 느껴질 때까지 적당한 소리로 반복해서 읽어라. 반드시 소리를 내면서 해야 한다. 항상 반복해서 읽어 보면서 혀끝에 달아두고 기회가 있을 때마다 사용해 본다.

단 주의할 점은 아직 자신의 영어실력을 믿지 못한다면, 자신이 스스로 자신 할 수 있는 범위 내에서 문장을 응용하고 바꾸는 것이 좋다. 만약 문장을 바꾸는 게 자신이 없다면 'SENDIC'을 이용해 이미지 메이킹한 문장들과 비슷한 문장들을 검색해 문장의 형태를 보면서 다른 형태로 어떻게 사용될 수 있는지를 관찰하는 것이 좋다.

그림을 이용해 이미지화하는 방법

1. 먼저 그림을 순서대로 보면서 어떤 상황인지 짐작한다. 이 때 우리말로 해석하려고 하지 말고 그림의 상황만 인식하도록 한다.
2. 그림 아래에 있는 각각 잘라진 영어 문장을 본다. 그림과 잘라진 영어 표현을 번갈아 보면서 각 표현의 의미를 유추하

고 이미지화한다. 이때 그림 속 인물이나 사물을 자신, 아니면 아는 사람이나 사물로 바꿔서 이미지화하면 더 쉽게 이미지화할 수 있다.

3. 잘라진 이미지 단위 표현들을 순서대로 연결하면서 전체 문장을 만들어 본다. 이미지를 하나 떠올릴 때마다 그에 연결된 문장을 반드시 소리내어 말하면서 써보는 것이 중요하다. 이때 문장의 성격에 따라 현실감 있게 표현하는 것이 중요하다. 상황에 따라서는 연극배우처럼 그림 속의 동작을 직접해 보면 각각의 부분을 표현하면 더 효과적이다.

이미지 메이킹에서는 입으로 문장을 발음해 보는 것이 아주 중요하다. 발음 교정과 이미지 메이킹을 함께 꾸준히 해 나간다면 영어실력과 발음 두 가지 모두 동시에 좋아질 수 있다. 다음은 이미지 메이킹을 위해 특별히 고안된 그림 자료들을 이용해 이미지화하는 법을 살짝 들여다보자.

1. What does he rise from?

He rises   **from the chair.**

Opposite   He sits on the chair.

---

2. What direction do you move?

I move   **backward.**

Similar   I move backwards.
Opposite   I move forward. I move forwards.

---

3. Who does he run towards?

He runs   **towards her.**

Similar   He runs toward her.
Opposite   He runs away from her.

4. What do you plug in?

I plug in   the computer.

Opposite I unplug the computer.

---

5. Where do you go up to?

I go up   to the top   of the mountain.

Opposite I go down to the foot of the mountain.

---

6. What do you do?

I dog-ear a page   of this book.

Similar I turn down the corner of the page. I make a dog-ear.

7. What do you bring to him?

I bring the book   to him.

Similar   I bring him the book.

- -

8. What does she give him?

She gives him   her phone number.

- -

9. What does she push?

She pushes   the button.

Similar   She hits the button.

10. What do you draw?

| I draw | a little map. |

Similar I draw a quick map.

- -

11. What does she throw into the trash can?

| She throws | wastepaper | into the trash can. |

Similar She throws wastepaper in the wastebasket.
Opposite She throws wastepaper anywhere.

- -

12. What do you speak to him about?

| I speak | to him | about my dog. |

Similar I talk to him about my dog.

13. What do you fill the cup with?

I fill the cup   **with water.**

Similar   I get a cup of water.
Opposite   I empty the cup.

- -

14. What does she look through?

She looks   **through**   **a magnifying glass.**

Similar   She looks through a magnifier.

- -

15. What do you cut out of the newspaper?

I cut   **some pictures**   **out of the newspaper.**

Similar   I clip some photos out of the newspaper.
Opposite   I glue some photos on the newspaper.

16. Why do you go out?

I go out   for ice cream.

Similar   I am buying ice cream.
Opposite I stay home and make ice cream by myself.

- -

17. What do you do while cooking?

I watch TV   while cooking.

Similar   I listen to the TV while cooking.
Opposite While cooking I always focus on it.

- -

18. How many pieces do you cut the cake?

I cut the cake   into six pieces.

Similar   I divide the cake into six pieces.
Opposite I eat the cake alone.

19. What time do you get on the bus to go to school?

I get on the bus   at 7 A.M.   to go to school.

Similar   I ride the bus to school at 7 A.M.
Opposite I walk to school at 7 A.M.

- -

20. Who do you prepare the food for?

I prepare the food   for my friends.

Similar   I fix food for my friends.

- -

21. Why do you throw the stone into the water?

I throw stones   into the water   to catch fish.

Similar   I throw stones at the fish.
Opposite I do not catch fish with primitive methods like stones.

22. What does she wash?

She washes   **the dishes.**

Similar   She does the dishes.

- -

23. What do you wash your face with?

I wash my face   **with soap.**

Similar   I scrub my face with soap.
Opposite   I wash my face without soap.

- -

24. Why do you go upstairs?

I go upstairs   **to meet my friend.**

Similar   I go upstairs where my friend is.
Opposite   I stay downstairs and wait for my friend.

25. What does he roll up?

He rolls up   his sleeves.

Opposite He unrolls his sleeves.

- -

26. How fast does your heart beat?

My heart   beats   very fast.

Similar   My heart beat is very fast.
Opposite My heart beats slowly.

- -

27. Where does the dog dig a hole?

The dog digs   /   a hole   /   in the ground.

28. What is happening to the phone?

The phone   **is ringing.**

Similar   The phone is going off.
Opposite   The phone never rings.

- -

29. What do you erase the blackboard with?

I erase   **the blackboard**   **with an eraser.**

Similar   I use an eraser to get rid of the words on the blackboard.
Opposite   I leave the words on the blackboard.

- -

30. What do you use to cut the paper on the table?

I use an exacto knife   **to cut the paper**   **on the table.**

Similar   I cut the paper on the table with an exacto knife .

31. What do you do before opening the door.

I knock   **on the door.**

Similar   I knock at the door.
Opposite I open the door without knocking.

- -

32. Where do you draw a picture?

I draw   **a picture**   **in my room.**

Similar   I sketch a drawing in my room.
Opposite I take pictures outside.

- -

33. When do you burp?

I burp   **at the table.**

Opposite I am polite and so do not burp at the table.

34. Why is your mouth watering?

My mouth is watering   because of the food.

Similar   I am really hungry.
Opposite That food looks gross.

- -

35. Why do you blow on the soup?

I blow   on the soup   to cool it.

Opposite I wait for the soup to cool. / I like hot soup.

- -

36. Why do you dial the number?

I dial the number   to call my friend.

Similar   I phone my friend.
Opposite I do not contact my friend. / I write a letter to my friend.

37. Why do you take medicine?

I take medicine   for the flu.

Similar   I try to get rid of the flu using medicine.
Opposite   I do nothing hoping the flu will go away.

- -

38. When do you dance?

I dance   while singing a song.

Similar   I sing a song and dance at the same time.
Opposite   I just sing a song without dancing.

- -

39. Where do you listen to music?

I listen to music   in a coffee shop.

Similar   I enjoy the music in a coffee shop.
Opposite   I compose some music in my house.

40. My kite is flying well. How about yours?

My kite   is spinning.

Similar My kite is turning.
Opposite My kite is stable. / My kite is flying well.

상황 설명을 이용해 이미지화하는 방법

   우선 여기에는 영어 문장에 대한 우리말 해석이 전혀 없다. 해석이 없는 대신 그 말을 사용하는 상황이 주어져 있다. 영어로 말을 할 때 해석만 알고 있으면 실수를 할 여지가 많지만, 그 문장이 어느 경우에 사용되는지 그 상황을 정확히 알고 있으면 실수할 확률이 거의 없다. 물론 상황 설명이다 보니 때론 문장의 정확한 의미를 파악하지 못할 수도 있다. 하지만 그림으로 하는 이미지 메이킹에서 처리하지 못하는 문장을 접할 수 있다는 장점이 있다. 영어회화에서는 정확한 해석을 알려고 하기보다는 그 문장이 사용되는 정확한 상황을 알아두는 게 훨씬 중요하다.

   상황 설명이 들어간 방식 역시 공부 방법은 그림을 보고 하는 방식과 같다. 굳이 차이가 있다면 그림을 통해서 얻던 이미지를 말로 된 상황 설명을 통해 얻는다는 것이다. 하지만 이 방법은 1단계 이미지 메이킹에 큰 비중을 두지는 않는다. 그 이유는 상황 설명식은 어떤 상황을 나타내는 방식을 통문장으로 보여주기 때문에 문장력이 이미 형성되지 않은 상태라면 통문장 암기 이상은 될 수 없기 때문이다.

   하지만 그림으로 하는 이미지 메이킹은 스스로 그림 자료를 만들기가 쉽지 않지만 상황 설명은 누구나 스스로 만들고, 원하는 대로 표현하고 응용할 수 있다는 장점이 있기는 하다. 상황 설명

자료를 스스로 만들어 학습한 후에 그 문장의 해석이 잊혀질 때쯤 다시 꺼내 공부하면 더 효율적이다.

시간이 날 때마다, 아니면 새로운 영어 문장을 접하게 될 때마다 상황 설명식으로 메모를 하면서 스스로 학습 자료를 만들어가면서 해 보자. 우선 스스로 상황 설명을 만들어서 하기 전에 다음 예문을 보면서 어떻게 상황 설명을 만들어야 하는지 그 요령을 익히도록 하자.

1. 여자친구가 자기가 나온 사진을 들여다보면서 뾰로통해 있다. 그래서 왜 그러냐고 물었더니 사진이 실물보다 밉게 나왔다는 것이다. 내가 봤더니 전혀 그렇지 않은데 말이다. 그래서 위로도 할 겸 이렇게 말했다가 맞을 뻔했다.
   → You look much better in the picture.
   만약 위의 문장과 반대 표현을 한다면
   → You look much better in real life.

2. 버스를 타려고 줄을 서 있는데 어떤 사람이 내 앞에 끼어드는 것이다. 그래서 나는 그 사람에게 이렇게 경고했다.
   → Don't cut in line.

3. 조금만 거슬리는 말을 들으면 화를 버럭 내는 사람이 있다. 그리고 차분하게 일을 잘하지도 못하고 금방 때려치우기도 하고 무턱대고 일을 시작하고 후회하는 경우가 자주 있다. 이런 사람을 이렇게 표현하면 좋다.
   → He is quick-tempered. / He is a quick-tempered person.

4. 바로 앞만 생각하고 멀리 보지 못하는 사람이 있다. 이렇게 당장 일어날 일만 걱정하는 사람을 우리는 이렇게 표현할 수 있다.
   → He is short-sighted. / He is a short-sighted person.

5. 자주 가는 단골 레스토랑에 가서 음식을 주문하고 기다리고 있는데 그곳 사장님이 주문하지도 않은 케이크를 가지고 오셔서 먹으라고 주는 것

이다. "이건 주문 안 했는데요?"라고 하니까 사장님이 밝게 웃으시면서 이렇게 말하는 것이다.

→ This is on the house.

위의 표현은 아래와 같이 표현이 가능합니다.

→ This is a free gift.

6. 자꾸만 마음이 바뀌고 변덕이 죽 끓듯 하는 사람이 있는데 이런 사람들은 이렇게 표현하면 좋다.

→ He is so changeable.

7. 옆집 아이는 집에서 혼자 놀고 밥을 찾아 먹고, 대부분 혼자서 시간을 보내기에 "왜 쟤는 부모가 없는 것도 아닌데 항상 혼자 있지?"라고 하니 동생이 걔 아빠는 우체국에서 일하고 엄마는 보험회사에서 일한다고 하면서 이렇게 나에게 말해 주는 것이다.

→ They are two paycheck couple.

8. 일이 항상 잘 되는 사람이 있는가 하면, 하는 일마다 잘 되지 않는 사람도 있다. 일이 잘 되지 않아서 자포자기하는 사람에게 이렇게 격려해 주면 좋다.

→ You will have your day someday. / Your chance will come someday.

9. 모두가 너무나 열심히 일했다. 쉬지도 않고 거의 5시간을 계속 일했다. 그래서 나는 사람들에게 신선한 공기도 쐬고 기분전환도 필요할 것 같아서 사람들에게 이렇게 제안했다.

→ Everybody take ten! / Let's take a ten-minute break.

일을 하다가 잠깐 커피를 마시고 싶다면 이렇게 말하면 된다.

→ Let's take a coffee break.

10. 같은 물건을 유난히 비싸게 파는 가게가 있다. 얼마 전에 어떤 가게에서 1만 원에 팔던 것을 다른 가게에서 7만 원을 달라고 하는 것이다. 가격의 차이가 너무 심해서 나는 주인에게 이렇게 따지듯이 말했다.

→ You are overcharging me. / That's a rip-off.

11. 날씨가 너무 더워서 편의점에 들러 맥주를 한 병 샀다. 집에 와서 시원하고 톡 쏘는 맥주 맛을 기대하면서 병뚜껑을 힘차게 따서 한잔 가득 부어서 마셨는데 톡 쏘는 맛은 온데간데없이 밋밋한 맛이었다. 그래서 난 맥주를 보면서 이렇게 말했다.

→ This beer has gone flat. / This beer has gone stale. / This beer is flat.

콜라를 딴지 좀 되면 탄산이 많이 빠져 맛이 맹맹해진다. 이럴 때는

→ This Coke has gone flat.

12. 내가 걸어가고 있는데 친구 녀석이 갑자기 뒤에서 나를 덮쳐서 놀라게 하고서는 막 도망을 가다가 전봇대에 부딪혀서 쌍코피가 났다. 난 깔깔대고 웃으면서 그 녀석에게 다가가 이렇게 놀리면서 말했다.

→ It sucks to be you. / It servers you right. / It pays you right.

13. 드디어 한 겨울이 왔다. 밖은 정말로 춥다. 말을 하는데 마치 용이 불을 내 뿜는 것 같이 입김이 나는 것이다. 입에서 나가는 입김을 이렇게 표현하면 좋다.

→ I can see my breath.

14. 내 동생이 일어나자마자 내 방에 와서 내 얼굴 가까이에 대고 뭐라고 말을 하는데 입 냄새가 너무 진동하는 것이다. 그래서 난 동생의 입을 막으면서 이렇게 말했다.

→ Go brush your teeth. You have morning breath.

15. 술을 마셨는데 기분이 정말로 묘했다. 막 즐거워지고, 몸이 붕 뜨는 것 같기도 하고. 친구가 "술 마시니 어때?" 하고 묻는다면 이렇게 답하면 된다.

→ I'm getting high.

16. 동생과 함께 어떤 친구 녀석의 흉을 보고 있는데, 그 녀석이 갑자기 나타났다. 깜짝 놀란 우리가 아무 말도 못하고 있으니까, 그 친구는 "너희들 내 흉 봤지?" 하면서 노려보는 것이다. 우리는 아니라고 했지만 그 친구는 의심스러운 눈초리로 이렇게 말했다.

→ I can smell a rat here. / I can smell something fishy. / Something fishy is going on here. / Fishy fishy.

17. 시험 기간이라서 도서관에 자리를 구하기가 '하늘에 별따기'다. 그런데 내 친한 친구가 새벽에 도서관에 간다고 하기에 이렇게 내 자리까지 부탁했다.

→ Can you save a seat for me?

18. 정말로 시험 준비를 많이 했다. 그 전날에는 잠도 자지 않고 공부를 했는데 막상 시험지를 받아 보니 아는 것이 거의 없었다. 내가 공부한 것은 하나도 나오지 않았다. 그래서 거의 백지 답안지를 내고 나오는데, 뒤따라 나오는 친구가 시험을 어떻게 봤냐고 물어 보는 것이다. 그래서 난 고개를 절레절레 흔들면서 이렇게 말했다.

→ I blew the test.

이게 만약 기말고사라면

→ I blew my final. / I failed my final.

만약 중간고사라면

→ I blew the mid-term.

이것 말고 bomb를 이용해서 하는 비슷한 표현들도 있는데

→ I bombed the test. / I bombed English test. / I flunked English test.

19. 사람들 중에는 항상 밖에 나가서 돌아다니는 것을 좋아하는 사람이 있는가 하면, 집에서 책도 읽고 TV도 보고 낮잠도 자고, 친구들이 찾아와도 나가지 않고 항상 집에만 죽치고 있는 것을 좋아하는 사람이 있다. 이런 사람들을 이렇게 표현하면 좋다.

→ He is a homebody.

20. 내가 알던 한 선배는 후배들에게 담배를 얻어 피우는 것은 기본이고 밥과 술도 얻어먹고 다녔다. 한 후배의 집에서 같이 생활하면서도 생활비를 한 푼도 주지 않았다. 다른 사람에게 기생해서 이렇게 사는 사람들은 이렇게 표현하면 된다.

→ He is a leech.

21. 어느날 지하철에서 10년 전의 친구를 우연히 만났다. 이렇게 우연히 만나는 것이 쉬운 일이 아닌데, 그 친구와 반가움에 악수를 하면서 나는 이렇게 감탄하면서 말했다.

→ It's a small world!

22. 지금 짜증이 나고 화가 막 나는데, 동생이 갑자기 오더니 내 성질을 더 벅벅 긁는 것이다. 그래서 나는 동생에게 버럭 화를 내면서 이렇게 말했다.

→ Are you fueling my anger?

23. 동생이 나를 자꾸 놀린다. 내가 그만하라고 했지만 자꾸 놀리다가 결국에는 나한테 한 대 맞았다. 엉엉 울면서 가는 동생을 보면서 엄마는 이렇게 말하는 것이다.
    → You asked for it.

24. 친구가 시험이 내일인데 공부는 안 하고 놀고 있어서 내가 시험공부 안 하냐고 하니 이미 다 했으니 걱정 말라고 한다. 시험공부 안 한 것을 다 아는데도 말이다. 결국에는 시험을 망쳐서 내가 이렇게 말하면서 핀잔을 주었다.
    → I saw this coming.

25. 내가 평소에 밥을 잘 얻어먹는 친구가 있다. 오늘은 내가 용돈을 받은 날이다. 그래서 그 친구와 식사를 하고는 내가 먼저 일어나서 지갑을 꺼내면서 이렇게 말했다.
    → Dinner's on me. / I'll pay the bill. / I'll get the bill.

26. 친구들이랑 술을 마시고 있었다. 분위기가 무르익어가던 도중 술도 다 마시고 거의 파장 무렵이 됐다. 하지만 나는 이대로 헤어지기가 너무 아쉬워 간다는 친구들을 말리면서 다른 곳에서 한잔 더 하자고 하면서 이렇게 말했다.
    → Let's go for another round. / Let's go for second.

27. 친구가 동전을 던져서 내기를 하자고 한다. 동전이 떨어져 누우면 내가 이기고, 모로 똑바로 서면 자기가 이긴다는 것이다. 그 친구는 이길 자신이 있다며 동전을 던지는데 나는 고개를 절레절레 흔들면서 이렇게 말했다.
    → It's not likely. / It's not possible. / It's impossible.

28. 친구와 동생 얘기를 하고 있었는데 마침 동생이 나타나는 것이다. 그러자 친구는 "쟤도 양반은 못 되겠는걸?" 하면서 동생을 보면서 이렇게 말을 하는 것이다.

→ Speak of the devil. ('호랑이도 제 말하면 온다더니.'라는 식의 말)

29. 내가 하품을 하면 그것을 보고 다른 사람이 이어서 하품을 하는 경우가 종종 있다. 이런 상황을 영어로 적절히 표현하는 게 있다.

→ Yawning is catching. / Yawning is contagious.

30. 동생을 혼내주면서 꿀밤을 한 대 때리니까 바득바득 더 대들면서 "더 때려 봐!" 하는 것이다. 그래서 난 하도 어이가 없어서 이렇게 말하면서 한 대 더 때렸다.

→ You are asking for a rod. (네가 매를 버는구나 하는 식의 표현)

31. 보통 사람들이 아주 오랜만에 만나면 가장 많이 하는 인사말이 이렇다.

→ Long time no see!

32. 사람들에게 아주 신 레몬을 먹는 모습만 보여줘도 사람들의 입에는 침이 가득 고인다. 시각적, 후각적 자극을 받아서 침이 고이는 것을 이렇게 표현할 수 있다.

→ My mouth is watering.

33. 약속 시간을 절대 어기지 않는 사람이 있다. 언제나 시간을 잘 지키고, 절대 늦지 않는 사람을 이렇게 표현하면 좋다.

→ He is Mr. Punctual.

길을 가다가 내가 이상형으로 생각하던 사람이 보인다면 이렇게 표현할 수 있다.

→ He is my Mr. Right.

34. 동생이 어제 노래방에서 너무 달려서 목에 이상이 생긴 모양이다. 내가 무슨 일이냐고 하니까 목소리가 안 나온다며 이렇게 말하는 것이다.

→ I lost my voice. / I got hoarse.

35. 재미있는 일을 하면 시간이 정말로 빨리 간다. 하지만 재미없는 일을 하거나 지루한 시간이 계속 되면 하루가 정말로 길게 느껴지는데, 이때 이렇게 표현하면 좋다.

→ Time is really dragging. (반대는 Time flies.)

36. 시험공부를 밤새 해서 눈이 뻑뻑하고 충혈되어 있었는데 친구가 나를 보더니 눈을 가리키면서 걱정스러운 목소리로 이렇게 말하는 것이다.

→ Your eyes are bloodshot. / Your eyes are red.

37. 목감기에 걸렸는데 동생이 목감기에 좋은 약이라고 줘서 먹었는데도 여전하다. 동생이 약이 어땠냐고 물어 봐서 나는 여전히 아픈 목을 보여주며 이렇게 말했다.

→ It doesn't work. / The medicine doesn't work.

38. 번개가 치더니 갑자기 불이 꺼진다. 동생이 들어오면서 왜 불을 다 꺼 놓고 있냐고 하길래 나는 이렇게 말했다.

→ The power went out.

39. 더위를 잘 타고, 다른 사람들보다 땀도 훨씬 많이 흘려서 옷이 땀으로 흠뻑 젖는 사람들이 있는데 이런 사람들을 영어로 이렇게 표현하면 좋다.

→ You are sweating like a pig. / You are dripping with sweat.

40. 요즘 사람들은 스마트폰을 손에서 놓지 않는다. 전화도 하고, 게임도 하고, 공부도 하고 거의 대부분의 일들을 스마트폰과 같이 생활한다고 해도 과언이 아닐 정도다. 이렇게 항상 손에서 놓지 않고 늘 끼고 있을 때 이렇게 표현하면 좋다.

→ Cell phone is her best friend.

영어의 바다에 빠지다 - 'SENDIC' 어플 Preview

'SENDIC'은 번역기나 단어사전이 아니라 영어회화 문장을 검색할 수 있는 어플이다. 그래서 문장을 통째로 다 넣어서 검색하면 안 되고 검색을 원하는 문장에서 핵심 단어만 이용해서 검색해야 검색이 된다. 만약 '학교에, 학교를, 학교에서' 등을 한꺼번에 검색하고 싶으면 키워드를 '학교?'로 검색하면 '학교'의 변형을 한번에 검색할 수 있다.

초성 검색 기능도 있어 '나는 학교에 간다.'라는 문장을 검색하고 싶다면 '나 학 간' 이렇게 한 칸씩 띄워서 첫 음절만 적어도 검색이 된다. 아래에 설명이 잘되어 있으니 꼭 사용법을 참고한 다음에 사용해야 효과적으로 사용할 수 있다.

SENDIC.NET 유용한 영어 학습 무료자료 소개

1. IME Pattern ENGLISH 이메 패턴뷰어 잉글리시

기존의 상황 설명 학습에서 한 단계 더 발전된 형태의 상황
설명과 패턴문장을 함께 접목한 플래시 영어 학습 콘텐츠
'IME pattern viewer English'(IME 패턴뷰어)를 '센딕넷 (www.
sendic.net)'에서 회원에 한해 무료로 제공하고 있다. 난이도
에 따라 'step1, step2'로 구분되며, 문장을 상황과 패턴 별
로 구분해 연습할 수 있다. 간단한 힌트만으로 문장을 추측
해보고 카드를 뒤집어 답을 확인하는 방식으로 훈련하며,
원어민의 정확한 음성을 직접 들어 볼 수 있어 효과적으로
영어 문장을 습득하도록 구성되어 있다.

2. 원어민 영어 발음 영상자료

영어 발음에 대한 동영상 자료들도 무료로 제공하고 있는
데, 원어민이 하나씩 일일이 알파벳과 단어의 발음을 하는
알파벳 동영상, 발음 기호와 단어를 발음하는 발음 기호 동
영상, 이전 책의 부록으로 들어갔었던 'IME 부록 동영상'까
지 회원이면 무료로 다 이용할 수 있는 영어 발음에 대한
다양하고 효과적인 자료들이 무궁무진하다.

원어민 영어발음 영상자료 Pronunciation Video data by Native speakers

원어민의 입모양과 턱의 움직임을 정면, 측면에서 관찰할 수 있도록 촬영된 영어발음 학습자료 컨텐츠입니다.
영어발음은 음성을 듣고 따라하기만 해서는 절대 제대로 교정할 수 없습니다.
발음교정에 있어 가장 중요한 요소인 입모양의 변화와 턱의 움직임, 그리고 혀의 위치등을 배울 수 없기 때문입니다.
원어민의 입모양과 영어발음의 특징을 잘 관찰해 보고 영어발음교정에 참고하도록 합니다.

발음기호 동영상 자료

알파벳 동영상 자료

IME 부록 CD영상자료

Stephen Stephenson
United States of America / Ogden, Utah
Future : Computer Graphics
Comment : Don't study too hard...

Jacob Brätt
United States of America / San Antonio, Texas
Future : Family, Learning to fly a plane...
Comment : I speak English like a cowboy...

Kenny Hoff

영어 발음 기호 - θ

영어 발음 기호 - A

3. 김명기 공개 영어 발음 강의

'센딕넷(www.sendic.net)' 사이트에서 '김명기의 공개 영어 발음 음성강의'를 통해 한국인이 특히 어려워하는 영어 발음의 악센트나 리듬감 훈련 등의 강의를 음성자료로 무료제공하고 있다.

김명기의 공개 발음강의   Kim's open lecture

김명기 선생님의 영어발음 및 리듬감 훈련 공개강의 음성자료 입니다.
영어발음기호 기본강좌를 미리 학습하신 분들에게 잘 적용될 수 있는 열린 강좌이며 **센딕넷 회원**에 한해 제공됩니다.

김명기의
열린 발음강의

◀ exactly 자연스럽게 발음하기 + 긴 문장 읽기
◀ 문장에서 장모음과 이중모음이 만들어 내는 리듬감을 정확히 표현하기!
◀ [f] 발음 정확히 하기와 순발력 있는 [f] 발음 연습하기!!
◀ 자음 -t + -t 가 연이어 올때 발음 이어가는 방법!
◀ 장모음 [i]를 위주로 한 여러가지 단어 읽는 연습!
◀ 어려운 drugs 발음 제대로 해 봅시다!!
◀ [ju] 이 [u]로 변하는 것과 [u] 장모음 정확히 발음하기!
◀ 긴 영어문장 효과적으로 잘라 읽기!

김명기 선생님의 영어발음 및
리듬감 훈련 공개강의 게시판

1. 영어 단어, 숙어, 패턴 별로검색 할 수 있는 영어회화 문장사전

2. 센딕 내 문장 데이터(영문+한글해석) 90000여 문장 + 외부데 이터 추가 기능(유저가 직접 문장 데이터를 추가할 수 있는 기능 지원)

3. 'stop, stops, stopped, stopping'을 한번에 검색할 수 있 는 'stop?' 검색 기능(?옵션)

4. 'stop smoking, stop enjoying'을 한번에 검색할 수 있는 'stop?ing' 검색 기능

5. 현존하는 회화사전 중에 가장 세밀하고 다양한 검색 방식 을 지원

6. 두 가지 방식의 영어 문장력 학습과 반복을 위한 스터디 게 임 기능 제공

7. 스터디 문장력 게임의 난이도 설정(상, 중, 하) 가능, 문장 순서 랜덤 설정 옵션 제공

8. 유저가 검색 후 저장한 문장들로 스터디 문장력 게임을 할 수 있어 문장력 형성에 최고의 효과!

9. 검색한 문장을 폴더 별로 저장 가능. 나만의 패턴, 표현법 사전을 만들 수 있고 스터디에 옮겨서 게임 가능

10. 영문, 한글 모두 보기 모드가 지원 되어 검색된 표현들을 원하는 모드로 볼 수 있음

11. 대한민국 영어 업그레이드 프로젝트의 일환으로 만들어진 영어 문장사전 어플

문장 데이터 추가와 자세한 사용법은 'http://sendic.net'으로 방문하셔서 센딕 프로그램 공지를 참고하도록 하세요.

✦ 스터디 게임을 할 때는 반드시 검색된 문장을 먼저 '마이노트'로 옮긴 다음 '마이노트'에서 다시 문장들을 '스터디'로 옮겨서 해야 합니다. 처음 설치 시 스터디 게임에는 문장 데이터가 들어가 있지 않아 바로 스터디게임 기능을 이용하실 수는 없습니다.

✦ 아이폰용 센딕은 검색된 문장에서 바로 스터디로 데이터를 옮길 수 있습니다.

✦ 문장 전체를 넣어서 검색하는 것이 아니라 찾고 싶은 문장의 주요 단어들을 넣어서 검색하셔야 가장 효과적인 검색을 할 수 있습니다. 예를 들어 '당신의 목소리를 들으니 반갑군요.'라는 문장을 검색한다면 '당신 목소리 반갑'이나 '목소리 반갑'식으로 검색을 하면 좀 더 다양하고 원하는 문장을 검색해 보실 수 있습니다.

'SENDIC' 어플 설치 방법

▶ 안드로이드용 'SENDIC' 설치

구글 플레이(Google Play)에 들어가서 'SENDIC'이나 '센딕'으로
검색해서 검색된 것을 클릭하면 위와 같은 화면이 나온다.

'무료'라고 나온 아이콘을 클릭하면 바로 '설치'가 나오고 다시 클릭하면 위와 같이 다운로드 하면서 어플을 설치하면 이것으로 SENDIC(센딕) 어플의 설치는 끝난다.

▶ 아이폰용 'SENDIC' 설치

애플의 앱스토어(App Store)에 가서 'SENDIC'이나 '센딕'을
입력하고 검색하면 위와 같이 '내 손안의 영어회화사전
- 센딕'이 검색된다.

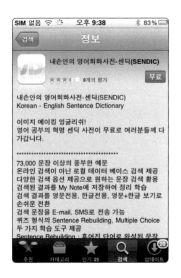

검색한 'SENDIC' 사전을 클릭하면 안으로 들어와 세부
'SENDIC' 앱의 내용을 볼 수 있는데 여기서 '무료'라고 쓰여
진 부분을 클릭하면 '설치'라고 나온다. '설치'를 다시 누르
면 바로 아이폰에 'SENDIC' 사전이 자동으로 설치된다.
이제 센딕 사전에 있는 다양한 영어 문장의 바다에 푹 빠져
보자. 영어를 잘하는 것은 이제 시간문제다!

원어민 영어 발음 교정을 위한
특허받은 '발음칩' 사용법

발음칩은 별매입니다.
발명특허번호:
제10-1403558호

특징

- 발음칩을 이용해서 영어 발음 교정을 하면 원어민과 같은 턱의 움직임을 바로 만들어 낼 수 있기 때문에 영어 리듬감과 발성을 즉시 효과적으로 만들어 낼 수 있습니다(턱이 수직으로 빨리 떨어지는 것은 콩글리시 리듬감을 만들어 내는 주원인이 되는데 이것을 막아주는 역할을 합니다).
- 발음칩을 물고 우리나라 말을 하면 볼펜을 물고 하는 것보다 더 안전하고 효과적으로 우리나라 말의 교정을 할 수 있습니다(볼펜을 물면 치아가 상할 수 있고, 혀가 적극적으로 움직이지 못해 효과가 떨어지지만 발음칩은 물고 있어도 턱의 움직임을 제한할 뿐 혀는 충분히 움직일 수 있어 훨씬 효과적인 교정이 됩니다).
- 발음칩이 작아, 물고 있어도 외부에서 잘 보이지 않아 평상시에도 물고 연습을 할 수 있어 더 효과적입니다.
- 유튜브(YouTube)에서 '발음칩'을 검색하면 자세한 내용과 실제 수강생들의 영어 발음 변화를 확인할 수 있습니다.

재질

- 정수기에 들어가는 튜브보다 순도가 좋은 등급의 실리콘 재질입니다.
- 인체에 무해한 실리콘으로 제작되어 열에 강하고 탄성과 복원력이 좋습니다.
- 실리콘의 특성상 상처가 나면 찢어지기 쉽습니다.

발음칩 종류

- 주름이 없는 1세대 기본형과 주름이 있고 사이즈가 작은 3세대 형이 있습니다(처음에는 사이즈가 작은 3세대 형으로 시작해서 익숙해지면 1세대 형으로 연습해, 턱의 간격을 영어에 맞게 조절하는 것이 필요합니다).

| 1세대 발음칩 | 3세대 발음칩 |

사용법

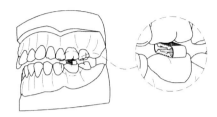

- 윗어금니와 아래어금니 사이 송곳니 바로 안쪽에 놓고 살짝 물어 줍니다(사람에 따라서 혀가 걸리지 않는 편한 위치로 조금씩 조정 가능합니다).

- 위의 그림과 같이 발음칩의 상판과 하판이 살짝 떨어져 있는 정도로 살짝 문 상태로 발음을 연습합니다. 발음칩을 너무 꽉 물면 찢어지거나 영어에 맞는 제대로 된 어금니 간격이 만들어지지 못해 효과가 떨어지게 됩니다.

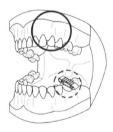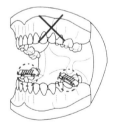

- 발음칩은 반드시 한 개만 사용해야 합니다. 양쪽에 다 물고 사용하는 것이 아닙니다. 한 개만 물고 한쪽에서 익숙해지면 반대쪽 어금니로 옮겨서 연습하는 것이 좋습니다.
- 처음에는 발음칩이 튕겨 나오거나 자꾸 돌아다니게 되지만 연습을 하면서 발음칩이 안정적으로 한 위치에 있어서 튕겨 나오지 않도록 해야 합니다. 이건 우리나라 사람들의 턱이

발음 시 수직으로 빠르게 떨어지는 현상 때문인데, 이 턱의 움직임이 제대로 잡혀야 영어 발음이 제대로 형성됩니다.
- 만약 발음칩이 혀 옆 부분에 걸려서 불편하면 볼 쪽으로 좀 더 밀어서 혀가 닿는 부분이 적어지도록 하면 되고, 좀 더 어금니 안쪽으로 옮겨 물어도 됩니다.

발음칩 관리
- 처음에 발음칩을 사용하기 전에 흐르는 물에 간단히 씻거나 뜨거운 물에 잠시 담갔다가 사용하세요.
- 가끔씩 끓는 물에 5분 정도 소독하면 더 청결하게 사용할 수 있습니다(600도 이상 견디는 실리콘 재질이라 삶아도 전혀 이상이 없습니다).
- 오염되지 않도록 별도 케이스를 마련해서 보관하는 것이 좋습니다.

주의사항
- 발음칩을 입에 물고 물이나 음식물을 삼키면 발음칩이 같이 넘어갈 수 있으니 유의하세요 (실수로 삼켰더라도 사이즈가 작고, 인체에 무해한 실리콘 재질이고, 시간이 지나면서 배설물과 함께 나오니 걱정하지 않아도 됩니다).
- 7세 미만의 유아는 사용하지 않도록 하는 것이 좋습니다.
- 상처가 생기면 잘 찢어지는 특성이 있으니 너무 꽉 물지 않도록 턱의 간격과 힘을 잘 유지해야 합니다.

발음칩 구매 문의
- 홈페이지: sendic.net
- Email: sendic@sendic.net